日本史で学ぶ経済学

横山和輝

東洋経済新報社

【歴史】

人間・集団・社会が、過去からの逸脱によって未来を切り拓いてきたことを示す因果関係の体系。および、そのような因果関係の根拠となる、数々の忘れられた事実。

はじめに

——経済学のレンズで歴史を学ぶと、ビジネスのヒントが見えてくる

一見無関係なことが実は密接につながっている

「ビットコインなどの暗号通貨は、現在流通しているお金の仕組みとは異なるが、鎌倉時代の日本の貨幣とむしろ共通点がある」

「フリマアプリやショッピングモールといった現代のプラットフォーム・ビジネスの基本は、戦国時代にその原型ができあがっていた」

もし皆さんが右のようなことを聞いたら、どう感じるでしょうか。冗談に聞こえるかもしれませんが、これは真面目な話なのです。暗号通貨にせよ、プラットフォーム・ビジネスにせよ、これらについて理解し、筋道を立てて考える上で、経済学の知見は欠かせません。そしてその知見を学ぶ上で、歴史はうってつけの手がかりになるのです。

本書は、「歴史を読み解くことで経済学を身につける」ための本です。

経済学は仕事や人生のヒントを与えてくれる

ビジネスや日常生活では、つねに様々な問題が生じます。たとえばビジネスにおいて

は、どうして売り上げが伸びないのか、どうしたら業績を改善できるのか、何か解決策を探さなくてはならないことがあります。また、社員にどのように給料を支払うべきか、仕事をどう割り振ればいいか、それら一つ一つのことが会社全体の成果に大きく関わるため、多くの経営者が頭を悩ませています。

そうした問題を解決するためには、順序立てて状況を整理し、集団行動や組織のあり方について見直す必要があります。そして、順序立てて状況を整理するための思考パターンとして、経済学は大いにヒントを与えてくれます。

経済学は、値段の決まり方、つまりは取引相手に与える対価や見返りがどのように決まるのか、その仕組みについて議論を重ねてきました。取引のあり方や値段の決まり方を切り口に、人間がどのような行動をとるのかについての知恵をまとめてきた学問です。

世の中に人と人との取引や「やりとり」というものがある以上、経済学の出番がなくなることはありません。だから各国のあらゆる有名企業は、博士号を経済学で取得した人材、あるいはそれぐらい経済学を習得した人材を求めているのです。

もちろん、一人一人のビジネスパーソンにとっても、経済学を学び直し、ビジネススキルとして経済学の思考法を身につけることは重要です。

経済学を歴史で学ぶ理由

なぜ経済学を歴史で学ぶのか、それは歴史が考えるヒントの宝庫だからです。たとえば企業組織の効率化、コストカットは、現代のビジネス現場でも重要なトピックです。このトピックについて、徳川時代を引き合いに出してみましょう。

第五代将軍徳川綱吉は、徳川政権の財政難を克服するために人員削減を断行しました。一方で第八代将軍の吉宗は、同じく財政難を克服するために人員を増やしたのです。綱吉と吉宗の政策で、財政難は克服できたのかどうか、史実は雄大に物語ってくれます。歴史は結果が歴然です。どういった原因・理由で結果が得られたのか、それらを理解し、参考にすることは現代を生きるビジネスパーソンにとって大きな武器となります。

また、歴史を紐解くことは、当たり前に思っていたルールを見つめ直すきっかけになります。市場経済や企業組織の中には、一見当たり前のように設定されているルールがあります。こうしたルールの中には、人々の行動をうまくデザイン（設計）できているものもあれば、不必要な制約を課しているだけに終わっているものもあるかもしれません。当たり前のように思われているルールあるいは慣行に、少し手を加えただけで状況を改善できたり、あるいは改悪してしまったり、という記録が歴史にはたくさんあります。

現状を改善するにせよ、時代の流れに対応するにせよ、結果としてどうなるかは不確実です。しかし、歴史の知恵や失敗を参考材料とすることは、不確実な要素を減らし、準備を整えやすくすることにつながります。歴史は「取引のあり方や値段の決まり方を切り口として、人間がどのような行動をとるのか」を探るヒントの宝庫なのです。

過去の出来事と現代の問題との間を経済学を通じて結びつけて考えることができる、ここに歴史で学ぶ面白さがあります。一見したところ今の皆さんにとって無関係に思えるかもしれない過去の事実関係が、皆さんのヒントになるのです。

本書の構成

本書は基礎編と応用編に分かれています。双方で合わせて7つのトピックを紹介しています。興味があるいずれのトピックから読んでも差し支えありません。

基礎編は、貨幣、インセンティブ、株式会社（企業システム）という、経済学やビジネスにとって基礎的な3つのトピックについて、いくつかの史実から説明します。

第1章「貨幣の経済学」では、貨幣の基本的性質について紹介します。近年、暗号通貨が普及しつつあります。暗号通貨の将来がどうなるかは分かりません。しかし暗号通貨の何が問題なのか、どういう視点で議論すれば良いのか、歴史を振り返ることで多くの示唆を得られます。そうした視点も踏まえ、貨幣の基礎知識を紹介します。

第2章「インセンティブの経済学」では、インセンティブ（モチベーションを引き上げるための刺激）という観点から、人や組織の動かし方、機能のさせ方について見ていくことにします。経営者の立場としては、モチベーションの高い従業員が望ましいかもしれません。しかし経営者の腕次第でモチベーションを引き上げることもできる一方、その手腕がまずければ従業員のモチベーションはいくらでも下がります。何をすればインセンティブを与えることができるのか、つまりモチベーションを引き上げられるのか、歴史上の知恵と失敗をまとめておきました。

第3章「株式会社の経済学」では、株式会社について見ていきます。第二次大戦前は財閥、戦後は系列というかたちでグループを形成した日本の大企業がありました。こうした歴史を踏まえ、株式会社は誰のためのものか、というコーポレート・ガバナンスの問題や、日本企業の経営面での特徴をうかがい知ることができます。

応用編では、昭和金融恐慌、享保改革、楽市・楽座、学校教育という4つのトピックを掘り下げ、文献史料やデータを読み込みながら経済学の基礎用語を学びます。

第4章「銀行危機の経済学」では金融危機、とりわけ銀行の預金取り付けが発生するメカニズムを学習します。ここではゲーム理論と呼ばれる考え方を学びます。ゲームに見立てることで、預金取り付けの原因や防ぐ手段を考えるヒントを模索します。

第5章では「取引コストの経済学」の考え方を学びます。取引コストとは、市場取引や組織内のやりとりで生じるコストのことです。組織をどのように再編すれば取引コストを減らし効率化を達成できるのか、徳川吉宗の享保改革を例にして解説します。

第6章「プラットフォームの経済学」では、戦国大名の楽市・楽座をプラットフォーム・ビジネスに見立てて、プラットフォームに関する経済学的な解釈を紹介します。現代社会においてプラットフォームは、ビジネスのみならず日常生活にも影響する関心事です。戦国大名、なかでも織田信長の楽市・楽座などから、安心できるプラットフォームとは何か、その基本について学びます。

第7章「教育の経済学」では、明治・大正・昭和初期の産業化の時代における小学校教育から、教育と経済の関係について解説します。大人の学力や産業化における教育面での政府の役割、さらには教員不足の問題と女性教員の活躍にも注目します。今のビジネス現場と似た、混乱と動揺と打開が100年前の教育現場でも確認できます。

はじまりのおわりに

歴史の様々なエピソードを経済学で解釈する。本書の試みだけではそれがコンプリートできないほど、歴史は事実関係の宝の山です。本書をきっかけに、経済学で事実関係を読み解く面白さを切り拓いて頂ければと思います。そのための参考文献も巻末で紹介しています。

是非とも、歴史を今の視点から捉えることができること、その案内役を経済学が果たしてくれることを、本書を通じて体感して頂ければと思います。

準備はよろしいでしょうか。では、はじめます。

※特に重要な経済学用語は本文中で太字にしてあります。また各用語の意味は巻末に経済学用語としてまとめてあります。

CONTENTS

第1章
貨幣の経済学

introduction

貨幣の過去から貨幣の未来を読み解く

近年、暗号通貨について議論が活発化しつつあります。暗号通貨のさきがけとなったのはビットコイン（ＢＴＣ）です。ビットコインのアイデアは、著者名としてサトシ・ナカモトと記載された論文にまとめられています。[1]この論文をもとに、暗号通貨あるいはブロックチェーンという技術への注目が集まりました。特にブロックチェーンは、決済システムなどプラットフォーム・ビジネスにも幅広く応用されています。暗号通貨については、ビットコインのほかにもすでに4桁に達する種類が出回っています。

暗号通貨をめぐるビジネスには様々なものがあります。暗号通貨を持たせるビジネスもあれば、暗号通貨を発行して資金を調達する仕組みも生まれています。読者の中には、すでに何らかの暗号通貨のビジネスチャンスに恵まれた方もおられるかもしれません。

そして誰もが喜ぶ儲け話に終われば良いのですが、そうもいきません。暗号通貨をめぐっては、様々なトラブルが頻発するようになりました。私たちは、暗号通貨に対する理解を深める必要がある、そういう時代を生きているのです。

暗号通貨の仕組みは、現代の貨幣と異なります。ただし、現代と異なるということなら、過去の貨幣の仕組みも同様に現代と異なります。そして過去の貨幣の中には、暗号通貨の仕組みと共通点を持つものがあります。現代と異なる仕組みが現れつつある時代は、過去の出来事から多くのことを学ぶチャンスに満ちています。

本章は、何らかの特定の暗号通貨や暗号通貨ビジネスを勧めるものではありません。暗号通貨がどうなるのかを予言するものでもありません。本章の主眼は、暗号通貨という現代的なトピックをふまえたときに、貨幣の経済学的な意味を歴史からどのように紐解けるのか、を整理することにあります。

暗号通貨の特徴を知るヒントとして、貨幣経済の歴史から3つのトピックを取り上げます。鎌倉・室町時代の貨幣経済（交換手段としての貨幣）、徳川時代の両替商ビジネス（決済手段としての貨幣）、そして国際金本位制（複数の国々の通貨が共通の価値基準で裏打ちされると何が起こるのか）です。

なぜ鎌倉・室町時代に中国銭が流通したのか？

——貨幣の一般的受容性

本節では貨幣の一般的受容性という性質について見ていくことにします。一般的受容性とは、誰もが交換手段として受け取ってくれる性質のことです。交換に際して相手に差し出す物品が、一般的受容性を持つかどうかで何が違ってくるのか、この点について鎌倉・室町時代に中国銭が使われていたことを参照します。

中国銭の流入

７０８（和銅元）年発行の和同開珎《わどうかいほう》から９５８（天徳２）年の乾元大宝《けんげんたいほう》まで、朝廷は財源確保の目的で全12種類の銭貨（皇朝十二銭）を発行しました。しかし10世紀になると人々は、この銭貨を使うのを嫌がります。銭貨が粗悪となっても物価統制令により高い値段で売買することが強制されたり、偽造貨幣の取り締まりと称して役人が物品を没収したりなど、当時の貨幣制度について人々は嫌気がさしていたのです。[2]

そのため、米や布といった物品が交換の手段に使われるようになったのですが、そんな状況のなかで日本に流入してきたのが中国銭です。

流入のきっかけは、宋との貿易です。10世紀後半、宋の商船が九州地域を中心に商取引目的で来航するようになります。12世紀中頃には平清盛が博多さらには大輪田泊《おおわだのとまり》（現在の神戸）の港湾開発に力を入れるなど宋との貿易を本格化させました。

当時の日本の主要輸出品は銅や硫黄などの鉱山資源です。一方、輸入品のひとつとして、宋の銅銭が流入します。その後も、元や明といった中国王朝との貿易を通じて銅銭が流入し、それぞれの王朝の多種多様な銅銭が日本で流通するようになったのです。

元豊通宝（宋銭）
画像：日本銀行金融研究所貨幣博物館所蔵

朝廷の拒絶反応

1179（治承3）年7月、右大臣の九条兼実《くじょうかねざね》は中国銭の流通の実地調査として、検非違使《けびいし》（治安維持と民政を担当する役職）の中原基広を派遣します。調査結果として基広は次のように報告しました。

「近代唐土渡りの銭、此朝に於いて恣《ほしいまま》に売買す云々、私鋳銭は八虐に処す、たとい私に鋳ざるといえども、所行の旨、私鋳銭と同じく、尤も停止せらるべき事」

（「治承三年七月廿七日条」『玉葉 中巻』すみや書房、１９６６年、２９１ページ）

（意訳）「かねてより中国渡来の銭が、私たちの国で勝手に売買に用いられた件、貨幣の偽造は、重大犯罪のひとつです。利用者が鋳造したものでないとはいえ、同じ罪です。当然ながら禁止すべきです」

九条兼実（1149-1207）。平安末期～鎌倉初期の公卿。
画像：『天子摂関御影』宮内庁蔵　public domain

この返答に九条兼実は同意し、中国銭の使用禁止令を出します。朝廷にとっては、中国銭は私鋳銭（偽造貨幣）と同一視できるもの、つまり自分たちが認めたものではない貨幣という扱いだったのです。この方針は鎌倉幕府でも当初受け継がれます。

ちなみに、２０１８年５月現在、**暗号通貨**の取引あるいは広告に中国は厳しい規制を設けています。九条兼実の宋銭流通に対する姿勢は、８００年以上の時を超えて中国が暗号通貨に対してとっている措置と沿うものと言えます。

（図表1-1）中国銭の利用率

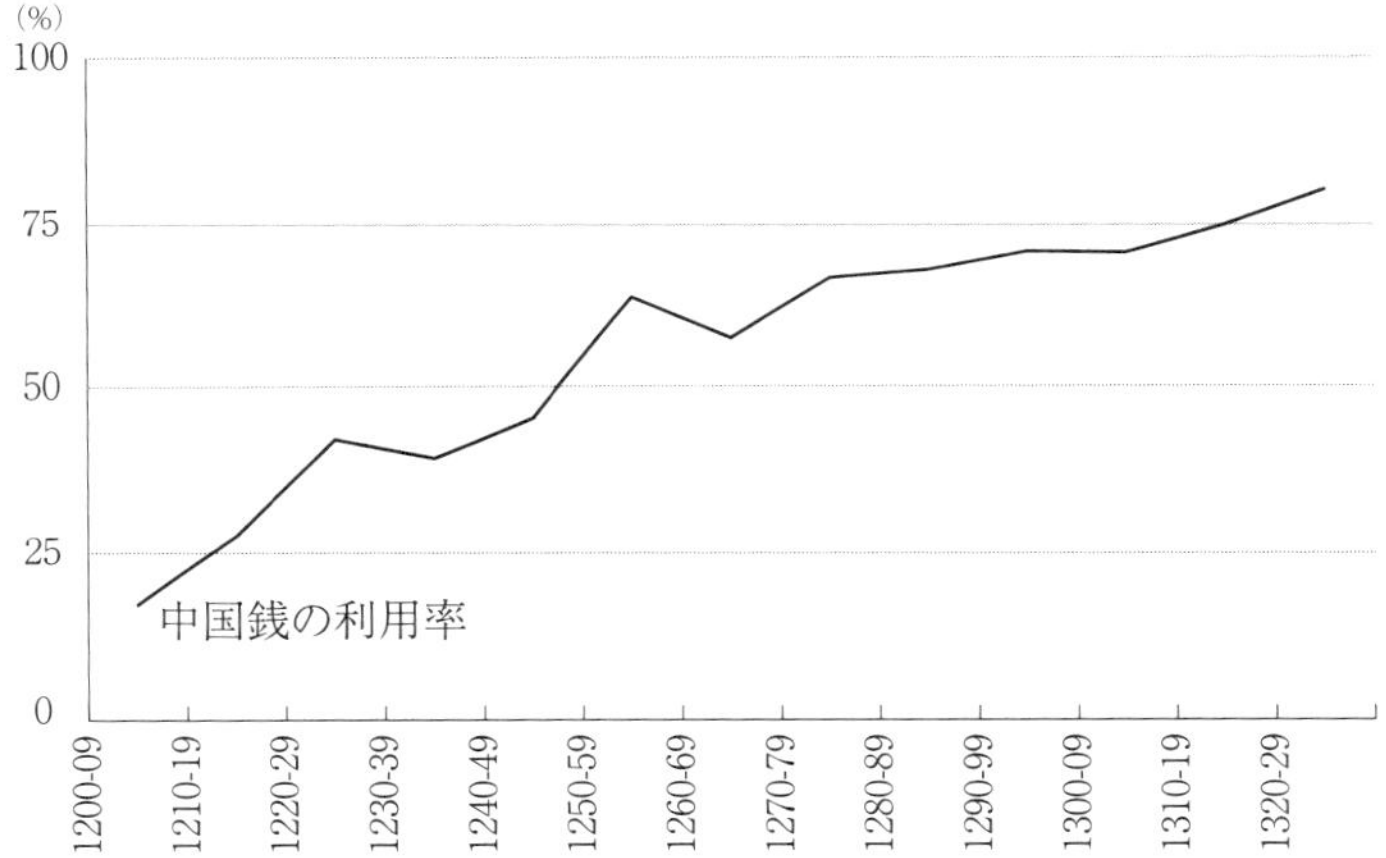

出所：鈴木（1999）

図表１－１[3]は、１２００年代から１３２０年代を対象に、土地売買の取引における支払いの手段として中国銭が使われた割合、利用率とその推移を示したものです。中国銭以外には、米・絹・布といった物品が使われていました。図表１－１を見ると、中国銭の利用率は、１００年ほどで25%前後から75%前後へとジャンプしていることが分かります。朝廷・幕府が使用を禁止したにもかかわらず、当時の日本では中国銭が流通し続けていたのです。

禁止された中国銭が流通した理由

禁止されたはずの中国銭がなぜ流通したのか。この点について経済学からは実にシンプルな答えが得られます。**一般的受容性**を備えたこと、これが答えです。

自分の欲しい物品などを手にするために、相手に差し出すものを交換手段と呼びます。受容性（相手が受け取ってくれる性質）のある物品を交換手段として手にしていれば、交換を通じて自分の欲しい物品やサービスを手に入れやすくなります。歴史上、米、麦あるいは布といった物品は、多くの人から欲しがられます。これらの物品は、交換手段として受容性が高いものとされ、しばしば交換手段として用いられてきました。

しかし、自分の差し出した物品を相手がいくら気に入ってくれても、相手の差し出した物品が気に入らなければ片想いです。その場合、相手が確実に受け取ってくれる交換手段を差し出せば、片想いに終わらず相思相愛となります[4]。

誰もが受け取ってくれる性質のことを一般的受容性と呼びます。そして貨幣とは、一般的受容性を備えた交換手段のことです。

交換手段として一般的受容性を満たせばどんなものでも貨幣となります。そして鎌倉・室町時代は、中国銭が一般的受容性を備えていたのです。欲しい物品と引き換えに中国銭を渡した場合、受け取った相手が次の取引で中国銭を差し出した場合でも、欲しい物品と交換できたのです。

荘園制の成立と村落社会のダイバーシティ

生産のダイバーシティが進むにつれて、貨幣は欠かせない存在になっていくと言えます。というのも、ダイバーシティが進んで経済全体で生産される物品の種類が多くなるほど、自分好みの物品を差し出してくれる相手を探しにくくなるからです。その点、貨幣を差し出せば、相思相愛の取引が成立しやすくなります。つまり貨幣が使えるということは、生産する物品の受容性を気にせず生産に専念できるということなのです。

ここで、当時の村落社会におけるダイバーシティの進展について見ておきましょう。平安時代後半、各地の村落は、国司による徴税に不満を募らせていました（第2章「律令制が衰退した原因はどこにあるのか」参照）。そして徴税を逃れるため、村落の代表者は有力貴族や寺社の権威にすがりました。不輸租・不入の権（納税および役人の立ち入りを拒む後ろ盾）を得る引き換えとして、有力者に村落一帯で生産された物品や村落民による労役の貢納を約束します。こうした村落一帯を荘園と呼びます。

有力貴族や寺社のもとには、荘園から年貢（主として米）・公事《くじ》（雑税）・夫役《ぶやく》（労役）として物品が貢納されます。こうした有力者を荘園領主と呼びます。一方、村落の代表者は、荘園領主に貢納することで村落一体を管理する権限を手にします。こういった代表者を在地領主と呼びます。在地領主からは、後に武士もしくは海賊として武装勢力を率いる者が現れます。このように、平安時代後期から室町時代にかけて形成された、荘園領主と在地領主との関係を軸とする社会秩序を荘園制と言います。

荘園制が成立するということは、朝廷のもとに特産品が集まらなくなることを意味します。集めた特産品を朝廷が各地に配分していたからこそ、人々は自給できない物品を手にできたはずでしたが、荘園制が進んだのは、村落民が朝廷の仕組みに頼らず自力で物品を調達する生き方を選んだからだと言えます。

各地の村落が徴税を拒んだことで、朝廷は財政難に陥ります。このため朝廷は金属加工など特殊なスキルを持つ人々をリストラします。その結果、特殊なスキルを身につけた職能民が各地を遍歴するようになりました。有力寺社に仕えていた商工業者が、寺社の勢力範囲を活用して各地でビジネスを展開したのもこの頃です（第6章参照）。

荘園領主は、貢納物として多様な物品が入手できると見込んで積極的に職能民の誘致を図りました。誘致策として、荘園内に職能民向けの給田《きゅうでん》・免田《めんでん》が設置されました。給田とは荘園領主が特定の相手に支給する田地のことです（下人《げにん》という層が耕作にあたりました）。免田は貢納の一部が免除された田地です。

また、在地領主や村落民も職能民を歓迎します。武士あるいは海賊として勢力を誇る在地領主にとって、刀鍛冶が訪れることは実に幸運です。鍛冶師や鋳物師《いもじ》の金属加工技術はイノベーションとも呼ぶべき変革を村落社会にもたらしました。またこの頃、鎌・鋤《すき》・鍬《くわ》など木製農具の先端に鉄製部品が装備されるようになります。こうした農具改良は、稲作に時間的余裕を与えたと考えられます。麦を裏作とした二毛作が広まりました。

和紙づくり、染色あるいは油生産の職能民が訪れたことを機に、楮《こうぞ》、藍、あるいは荏《え》胡麻《ごま》を新たに栽培する村落も現れます。さらには鍛冶師が包丁を生産し、鋳物師が鍋を生産するなど、調理器具も改良されます。

また、酒・酢・味噌・納豆・豆腐・素麺・饅頭・和紙・陶器・漆器・畳・簾・草履・蝋燭・扇といった加工品が村落で生産されるようになりました。平安時代末期から鎌倉・室町時代にかけて、村落民は農作業のかたわら、各々がこうした物品の生産に専念するようになります。

平安時代末期から鎌倉時代にかけての日本では、このように村落内で分業が進展し、多様な人材が活用される、ダイバーシティが進んだのです。[6]

中央集権的な信認と分権的な信認

話を貨幣に戻します。貨幣が一般的受容性を備えるプロセスは2パターンあります。

ひとつは、中央集権的な権威が制度整備を通じて特定の交換手段に社会的通用力を与え、人々の信認を得るというプロセスです。中央銀行や政府が紙幣・硬貨を発行し、偽造を取り締まる現代の各国の貨幣制度はこのパターンに属します。暗号通貨を禁止した中国の対応や、宋銭を「私鋳銭（偽造貨幣）」扱いした九条兼実の対応も、そういった制度整備の姿勢に沿ったものと言えます。

もうひとつ、中央集権的な権威を必要としないプロセスもあります。そのプロセスとは、分権的な枠組みのなかで人々が特定の交換手段を信認するパターンです。鎌倉・室町時代は、このパターンで中国銭が流通するようになりました。そして現代を見ると、暗号通貨はブロックチェーンによる分権的仕組みを基礎としています。したがって暗号通貨における信認は、現代における中央銀行によるものよりも、鎌倉・室町時代の中国銭に類似している要素があるのです。

このように、貨幣の信認には、分権的な枠組みによるものと、中央集権的な権威によるものの、2つのパターンがあります。そして当時の中国銭は、最初は「分権的な枠組み」による信認から始まったのですが、やがて「中央集権的な権威」による信認を与えられるようになります。

当初、鎌倉幕府は、中国銭の利用を禁じていました。しかし後に、中国銭の利用を追認することで社会的通用力を与えることになります。その背景には、中国銭を私鋳銭扱いしようにも、幕府が鋳造技術を持ち合わせていなかったという技術上の問題がありました。また、中国の洗練された精錬技術や、中国王朝の財政健全性といった要素から、すでに中国銭が日本の人々にも交換手段として信認を得ていたという事情もあります。[7]そのため、いくら幕府が禁止をしても、各地の定期市のローカルルールのなかで、中国銭が使用されたのです。

当時、村落社会まで含めて、日本各地では中国銭が使用されていました。こうした状況を受けて鎌倉幕府は、新たに貨幣を鋳造するコストを負担するより、中国銭を追認することにしたのです。

ちなみに中国銭の公認は、幕府の支持層である在地領主の要望でもありました。当時、彼らは代銭納（荘園領主への貢納を銭貨で代納）を進めていたのです。荘園領主の側としても、中国銭が一般的受容性を備えたなか、代銭納は概して好都合でした。

1301年から1350年、つまり14世紀前半に代銭納を実施した荘園数が飛躍的に増えています（図表1－2）[8]。

そして代銭納と貨幣経済が進むことで、荘園領主は特産品の貢納を目的として職能民を誘致する必要がなくなります。代銭納により交換手段として貨幣が手に入るからです。

この時期を境に、給田・免田は次々と姿を消していきます[9]。

（図表1-2）代銭納を実施した荘園の数の推移

時期（年）	荘園数
－1250	6
1251－1300	38
1301－1350	126

出所：佐々木（1962）

撰銭令で権威を誇示する戦国大名

中国王朝が宋、元、そして明と変わり、それに伴い日本には宋銭、元銭、そして明銭の流入が続きます。それぞれの王朝のなかでも、例えば皇帝の代替わりごとに銭貨が鋳造されることは珍しくなく、多種多様な中国銭が流通するようになります。

ところで様々な中国銭に荘園領主や幕府さらには在地領主といった権力層は社会的通用力、つまり貨幣としてのお墨付きを与えた一方、国産の銭貨については貨幣と認めなかったのです。このことは、国産の銭貨が私鋳銭つまり偽造貨幣とみなされることを意味します。権力層に受け取ってもらえないということが広く知られるからです。そもそも鋳造技術がお粗末だったことから、私鋳銭は見た目の悪いものでした（「びた一文もやらねえ」の「びた（鐚）」は私鋳銭のことです）。

ただし、本物の中国銭であっても、使われるごとに磨耗します。磨耗した中国銭と私鋳銭との区別が難しくなります。売り手に対して本物だよと中国銭を渡しても、磨耗した銭貨を次に誰かが受け取ってくれる保証はありません。こうしたことから受け取りを拒否するケースがでてきたのです。取引における銭貨の選り好みは撰銭《えりぜに》と呼ばれ、流通を阻害するものとして問題視されました。

そこで室町幕府あるいは在地領主は、撰銭令を出してその銭貨が使えるのかの一定基準をローカルルールとして定めます。私鋳銭を取り締まるだけでなく、非公式な撰銭も取り締まることで特定の種類の中国銭に社会的通用力を与えました。在地領主（やがては戦国大名）にとって、撰銭令は権威を誇示する手段になったのです。

江戸の両替商が生んだ決済サービス

――貨幣の決済完了性

本節では、貨幣の決済完了性という性質についてご紹介します。決済完了性とは、決済を終了させる性質のことです。徳川時代には、貨幣で決済することを約束として、遠隔地どうしの取引相手と決済できる工夫が生み出されました。こうした決済サービスについて、当時の両替商ビジネスを参照しながら理解していきます。

内部貨幣と外部貨幣

交換に際して、貨幣を差し出す側が買い手、もう一方が売り手になります。そして交換を済ませるためには、商品の受け渡しとともに代金として貨幣が差し出されなくてはなりません。買い手には、売り手に対する支払いの義務、すなわち債務が課されるからです。このとき、買い手が売買取引に際して生じた債務を解消するための手続きを決済と呼びます。そして、決済の手段には「内部貨幣」と「外部貨幣」という2つの貨幣が存在します。まずそのことについて説明しましょう。

例えば売店で代金として紙幣や硬貨を支払うとき、商品の受け渡しと同じ時間、同じ場所で決済することになります。現金の所有権が買い手から売り手に移ることで、債務・債権関係が解消されるのです。

この点で、紙幣や硬貨といった現金には、決済完了性という性質があります。このように、決済完了性を備えている決済手段を外部貨幣と言います。


一方で、買い手と売り手が預金口座を持ち合わせていれば、買い手は、例えば小切手で決済できます。現金を運んで相手に渡す必要はなく、受け渡しと同じ時間、同じ場所で決済する必要もありません。小切手のような決済手段を提供するサービスがあれば、互いに遠く離れればなれでも決済することができます。

このような預金、小切手あるいは借用書などの決済手段を内部貨幣と言います。内部貨幣は決済完了性を備えていませんが、債務解消が確約できることで決済手段として使うことができるのです。

こうした決済サービスのビジネスの源流は、日本では鎌倉・室町時代にまで遡ることができます。鎌倉・室町時代に、すでに割符（もしくは替銭）という決済サービスのビジネスが成立していました。このビジネスは、倉庫業と輸送業との共同事業として編み出され、各地の在地領主が荘園領主に代銭納を済ませる工夫として発達しました。

割符は、代金として中国銭を支払う側が借用書を発行し、この借用書を用いて遠隔地の荘園領主に年貢銭を送金する決済サービスです。そして、こうしたビジネスで形成された決済ネットワークのなかで、やがて各地の村落や商業都市が結びつくこととなったのです。[10]

なお、外部貨幣と内部貨幣は、政府が外部貨幣を発行し、民間が内部貨幣を発行する、という区分もできます。[11]この区分に即して言えば、外部貨幣をベースとして民間部門で内部貨幣という新たな決済手段が生み出されていることになります。したがって政府が貨幣を発行すること自体が、民間部門に対して、決済サービスに関する新たなビジネスを開拓するチャンスを提供していることにもなるのです。

3つの貨幣が行き交った徳川時代

戦国時代には、各地で様々な貨幣が流通していました。中国銭を使わせる戦国大名も

金座
画像：金吹方之図 上巻　国立公文書館デジタルアーカイブ
https://www.digital.archives.go.jp/DAS/pickup/view/detail/detailArchives/0201080000/0000000034/00

いれば、金貨を鋳造した上杉氏（天正越座金）や、銀貨を鋳造した毛利氏（石州《せきしゅう》銀《ぎん》）のようにオリジナルの貨幣を流通させた戦国大名もいました。

そして戦国大名によるローカルルールが色濃く残るなか、東日本では金貨、そして西日本では銀貨がどちらかといえば根強く流通していました。徳川政権は、こうした現状とその歴史的な由来をふまえ、江戸を中心に金貨、大坂・京都を中心に銀貨を用いて、小口取引については全国的に銭貨（銅貨）を使わせる体制を整えます。

金貨・銀貨・銭貨の鋳造は、金座（江戸本石町）、銀座（大坂・京都）そして銭座（江戸・近江坂本・仙台・萩など）と呼ばれる徳川公認の職人集団が独占的に引き受けていました。金貨・銀貨・銭貨の3種類の貨幣が流通したことから、三貨体制という言葉が用いられることもあります。

もっとも、徳川政権はみずから進んで三貨体制という複雑な制度を整備しようとしたのではありません。それ以前からの錯綜した取引慣行をむしろ集約して単純化するために3系統の貨幣を用いることにしたのです。それほどに貨幣に関する慣行は根強いものなのです。

江戸本石町の金座で鋳造された金貨は、江戸を中心に東日本で流通しました。一方、大坂・京都で鋳造された銀貨は、上方を中心に西日本で流通しました。こうして、徳川政権下の日本では「銀遣い」圏と「金遣い」圏とを結ぶネットワークが形成されます。このネットワークは、上方商人と江戸商人とが、異なる通貨圏にいながら取引を交わしたことで物流の面で支えられたものです。

そして彼らの取引を決済サービスから支えたのが、両替商ビジネスでした。

両替商と金銀変動相場制

徳川時代の両替商ビジネスは、「江戸の金遣い、大坂の銀遣い」と称される枠組みのなかで培われたものです。

両替商とは、より正確には本両替と呼ばれた商人のことです。本両替は、銀貨と金貨の両替を中心として、預金・為替・貸付といった金融ビジネスを取り扱いました。これとは別に、銭貨の両替を担当する脇両替という商人もいます。そして徳川政権は、本両替・脇両替をともに規制産業として統制下におきました。

江戸時代の俳人であり浮世草子の作者でもある井原西鶴の『日本永代蔵』に、次のような記述があります。

「この男、家業の外に、反故の帳をくくり置きて、見世をはなれず一日筆を握り、両替の手代通れば、銭・小判の相場を付け置き、米問屋の売買を聞き合せ、木薬屋・呉服屋の若い者に長崎の様子を尋ね、操綿・塩・酒は、江戸棚の状日を見合せ、毎日万事を記し置けば、紛れし事はここに尋ね洛中の重宝になりける」

（井原西鶴『日本永代蔵』巻之二「世界の借屋大将」）

（意訳）「この（藤屋市兵衛という）男、裏の仕事がある。計算用紙扱いの紙を束ねて、店のなかで一日筆を離さない。両替商の営業マンが来りゃ、銭貨や金貨のレートをメモる。米問屋の代金や米俵の動きも耳に入れる。薬屋や呉服屋の外回りからは長崎の情報も仕入れる。繰綿・塩・酒は、江戸の店舗から書状が来る日をチェック。毎日ビジネス最前線をノートする。分からないことはここで聞けばいい。京都じゃみんなこいつに『いいね！』する」

引用文中、「銭・小判の相場（銭貨や金貨のレート）」という言葉があります。つまりこの時代に変動相場制が成立していたことが描かれています。当時、大坂の金相場会所で金銀の交換レートが建てられました。藤屋市兵衛という男は、このレートを「両替の手代（両替商の営業マン）」に教えてもらっていたのです。

では当時、変動相場制が成立していたということは何を意味するのでしょうか。銀が金に対して高くなれば江戸でインフレが進行しやすくなります。反対に、銀が低くなれば大坂でインフレが進行しやすくなります。

そこで徳川政権は、地域間で物価の上がり下がりに差ができすぎないよう、参照基準となるレートを定めることにしました。1609（慶長14）年には「金1両＝銀50匁《もんめ》＝銭4貫文（4000文）」、1700（元禄13）年には「金1両＝銀60匁＝銭4貫文（4000文）」とします。しかしこれらはあくまで参照基準に過ぎず、実際のレートは日々変動したのです。

ここで、相場の安定化に向けて一歩踏み込んだ為政者が登場します。田沼意次《たぬまおきつぐ》です。

1772（明和9）年、彼は南鐐《なんりょう》二朱銀を発行させました。「二朱」というのは金貨を数える単位です（1両＝4分＝16朱）。二朱と数えられる銀貨を発行することで、金銀レートの固定化を図ったのです。

田沼意次（1719-1788）。徳川中期の旗本、老中。
画像：田沼意次侯　牧之原市史料館所蔵

しかし両替商たちは、この南鐐二朱銀の発行に反発します。なぜなら、レートの変動を利用した裁定（購入時より高く売り抜けて差益を取ること）の機会を失うからです。当時の両替商は為替レートの差を利用した裁定を利益の源泉にしていたのです。金銀レートが固定化すると裁定機会がなくなってしまうので、両替商たちは反発したのです。

こうした反発を踏まえ、南鐐二朱銀は「売上四分、買上八分」として発行されることになりました。すなわち、両替商が南鐐二朱銀を売るときは買い手に1両当たり銀4分を与え、買上げるときは売り手から1両当たり銀8分を徴収できると定められたのです（銀は10分で1匁です）。この措置は、両替商に南鐐二朱銀を保有する**インセンティブ**を与えるものでした。そして思惑通り、南鐐二朱銀は人気が出ます。

これでレートの固定化は成功するかに思われました。しかし、実際にはそうはなりませんでした。南鐐二朱銀の普及と同時に、銀が不足し、銀相場が高騰したのです。江戸の物価高を懸念するとともに、田沼批判をもくろんだ松平定信は、南鐐二朱銀の鋳造にストップをかけます。田沼の金銀レート固定化構想は、ここに頓挫したのです。

徳川時代は、概して、金と銀の変動相場制の時代でした。そして両替商ビジネスとともに相場情報を活用する人々の行動が全国市場を支えていたのです。

預り手形、振手形、逆手形——両替商の決済サービス

当時、各々の大名は、大坂の港湾設備に着眼して蔵屋敷という蔵を設置していました。なので問屋商人たちが、大坂の蔵屋敷に集められた全国の特産品を仕入れようとします。両替商の多くは蔵屋敷の出納業務も担当していたので、大名と問屋商人との取引の仲介役を担うことにもなりました。また、大名あるいは問屋商人との金銭授受をもとに、両替商は彼らを相手とした預金業務もしくは貸出業務を行うようになりました。

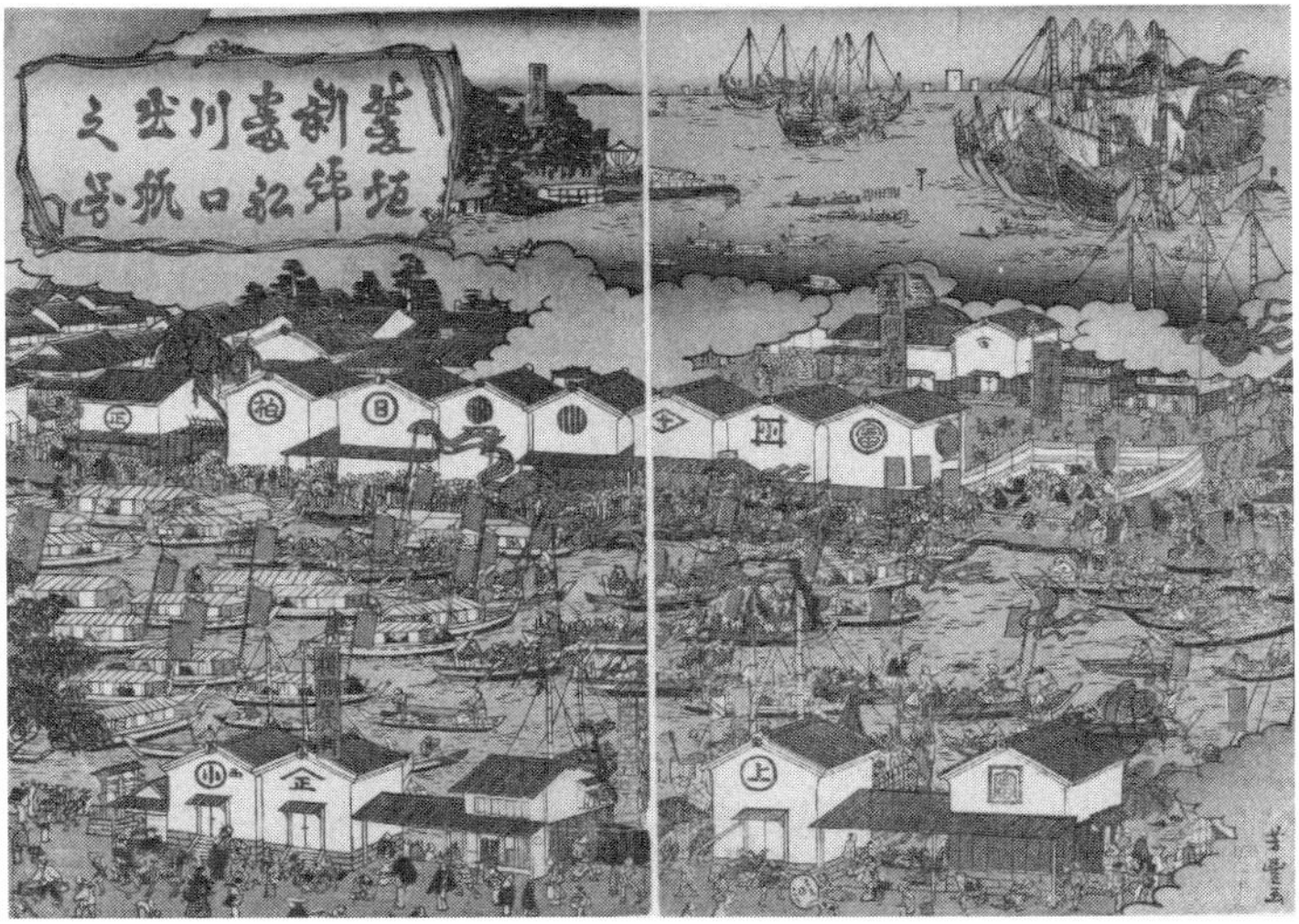

蔵屋敷
画像:菱垣新綿番船川口出帆之図　大阪府立中之島図書館

問屋商人は、仕入れた物品を各地の商人へ売り渡します。その際、大坂蔵屋敷から物品を仕入れる問屋商人は「銀遣い圏」で活躍していますが、「金遣い圏」の店舗に売り渡すことも少なくありません。

こうしたときに利用するのが、両替商ビジネスの決済サービス、つまり、預り手形、振手形あるいは逆手形といった証書です。それぞれどんなものなのか、簡単にご紹介しましょう。

・預り手形

預り手形は、言うなれば小切手です。大名や問屋商人など、両替商に預金を預けて預金者となった者であれば、両替商に預り手形を発行してもらえました。預り手形の文面には、預り手形を持参してきた者に金貨もしくは銀貨を支払うように記載されます。支払いが済めば、預り手形を発行した預金者の残高が減るわけです。

預り手形には宛名は明記されません。預金者でなくとも、預り手形を差し出せば、両替商から金貨あるいは銀貨を受け取ることができたのです。預り手形は、長いこと転々と流通したものではなく、発行されてから5日間程度で換金されたようです[12]。

・振手形

振手形《ふりてがた》の発行は、現代で言う手形の振出しのことです。預り手形と異なり、誰に対して支払うべきかが明記されます。

振手形は、特に売買取引において、買い手（債務者）が売り手（債権者）に対する代金支払いを済ませて債務を解消するために用いられました。制限範囲内であれば預け入れた残高を超えた支払いも可能でした（現在の当座貸越です）。ただし、この限度額を超えると振手形は不渡りとなります。この場合、手錠・入牢といった刑罰が科されます。なお偽造が発覚すれば、斬罪および晒し首です[13]。厳しいペナルティという公的な手段を通じて決済を確約させることで債権者たる売り手に安心感を与えるわけです。

（図表1-3）逆手形を用いた決済の流れ

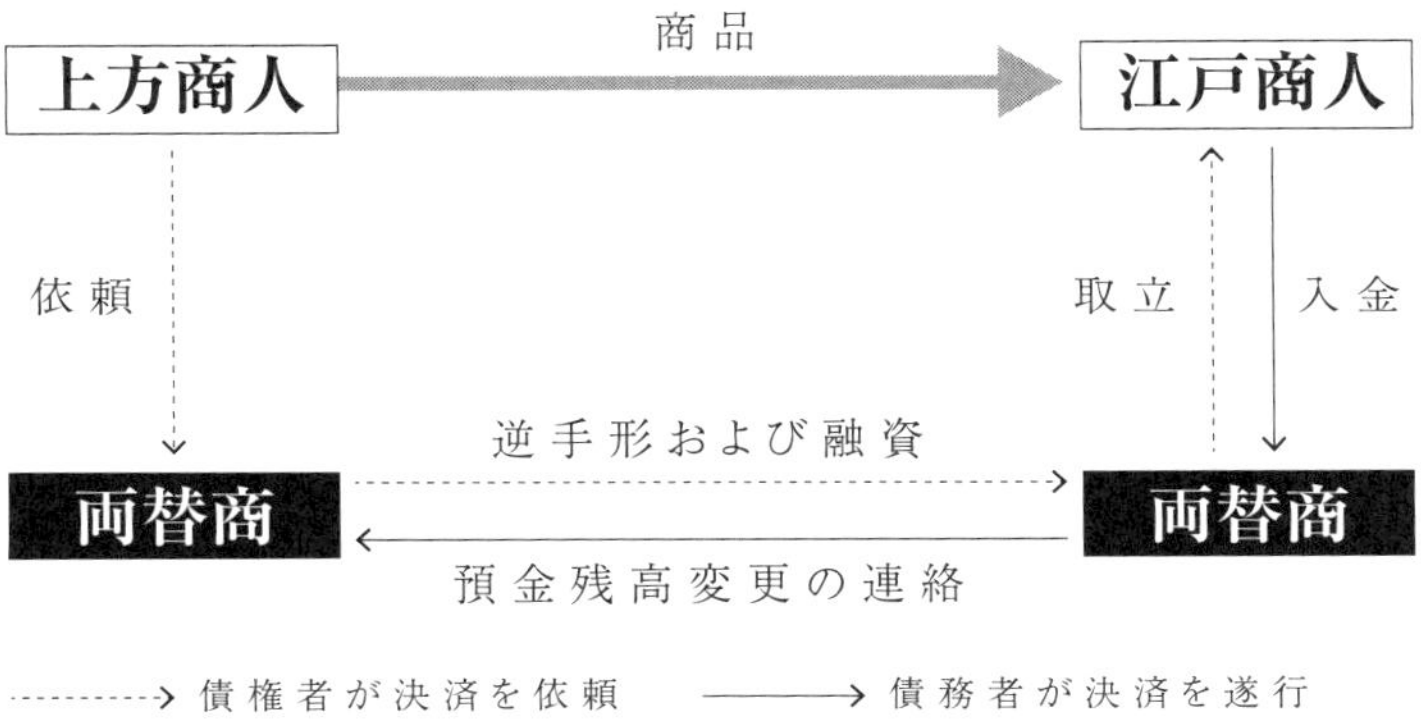

・逆手形

逆《ぎゃく》手形《てがた》は、第三者に債務者（買い手）への取り立てを依頼する手形です。図表1－3を使って逆手形による決済の仕組みを説明します。

図表1－3には、上方商人から江戸商人に向けて引かれた矢印の上に「商品」と記載されています。すなわち、ここでは江戸商人が上方商人から商品を購入するケースを考えます。上方商人は江戸商人のもとに商品を輸送しなくてはなりません。一方、江戸商人は、代銀の分だけ債務を返済しなくてはなりません（銀表示されるので代金でなく代銀と表します）。ここで、相手側の江戸商人が江戸の両替商に預金口座を持っており、なおかつ上方商人が上方の両替商に預金口座を持っていれば、逆手形を用いた決済が可能となります。

この点について少し丁寧に説明しておきます。図表1－3には、上方商人が、両替商に「依頼」していることを示す点線の矢印があります。上方の両替商に対し、江戸商人の口座を持つ両替商に取り立ててもらうように連絡するのです。そこで上方の両替商は「逆手形」を発行し、江戸の両替商に届けるとともに、代銀分だけ江戸の両替商に融資します。この時点で、江戸の両替商は、上方商人に借金を背負わされるかたちで江戸商人に対する代銀の取り立てが依頼されたことになります。一時的に代銀に相当する分だけ貸し付けることによって、上方の両替商は江戸の両替商に取り立ての動機を与えているのです。

また、図表1－3には、江戸の両替商が江戸商人に「取立」の実行を示す点線の矢印があります。そして、江戸商人から江戸の両替商に入金されたことを示す実線の矢印があります。江戸の両替商からの取り立てを通じて、江戸商人は口座に入金します。この入金を踏まえ、江戸の両替商は、江戸商人の口座残高を代銀分だけ減らし、上方の両替商に対して上方商人の口座残高を増額させるよう連絡します。これで上方商人が口座残高の増額を確認できれば、江戸商人の決済は完了です。これが逆手形を用いた決済の仕組みです。

信頼は決済サービスが機能する大前提

ところで、逆手形を用いた決済サービスは、返済の見込みについてある程度の確約がなければ機能しません。両替商どうしの情報共有や、商人どうしの信頼関係があってはじめて逆手形を利用した決済が可能だったのです。したがって逆手形は、本店支店関係にある商店どうしの取引で利用されていました。[14]

徳川時代の商業においては、日頃から帳簿をつけて互いに信用したり、遠隔地の場合は書状を送って数日かけて確認しあうという取引慣行がありました。トラブルがあれば、まず帳簿の内容確認が焦点となります。また、問屋組織においては、行事《ぎょうじ》と呼ばれる立場の人が第三者として立会う機会を設けたり規約に違反した人間についての情報もシェアされていました。

このように両替商や商人たちが日々のビジネス活動で信頼を築き上げていたからこそ、徳川時代は、遠隔地どうしの決済が可能だったのです。手形偽造に対する厳罰を明記した制度など、公的な強制力だけでなく、私的秩序のなかにも債務契約を裏切らないようにする強制力がありました。

こうした強制力を**エンフォースメント**と呼びます。公的あるいは私的なエンフォースメントが徳川時代の決済システムを支えていたのです。[15]

さて、現代を振り返ってみましょう。ブロックチェーンを用いた決済サービスでも相互監視は重要な鍵になっています。分散型コンピューティングとも称されるコンピュータ・ネットワークのなかで、各コンピュータ内で作成された基本台帳をもとに、取引履歴について情報がシェアされ、新たな取引についても監視できるようになっているのです。こうした仕組みを通じて、疑わしい行為を抑止しています。

ブロックチェーンに比べれば、徳川時代の技術は原始的です。しかし、決済サービスが提供するネットワーク内での情報共有や取引内容の確認など、私的秩序でのエンフォースメントが構築されている点では類似性も見出せます。

決済サービスの提供には、いつの時代にも通じる問題がつきまとっているのです。

国際金本位制と暗号通貨の共通点
——通貨が国境を越える時

国際金本位制は、金という貴金属が国境を越えて各々の通貨の価値を裏打ちする仕組みです。このことは暗号通貨における価値の裏打ちと共通します。国際金本位制の歴史は、通貨の価値が各国とも固定されている場合に、どのような不都合が生じたのかを物語る教訓とすべき失敗の経験でもあり、暗号通貨について考える上で示唆が含まれています。

兌換紙幣と不換紙幣

貨幣が**一般的受容性**と決済完了性を備えるためには、価値の裏打ちが必要です。そして価値の裏打ちの仕方によって貨幣を2種類に分けることができます。

ひとつは、本位貨幣もしくは兌換の貨幣と呼ばれる種類の裏打ちの仕方です。これは、多くの人々が価値を認めている物品が貨幣の価値を裏打ちしているものです。特に金や銀といった貴金属が歴史上多くの国々や地域で貨幣価値の基準となりました。また、紙幣であっても、貴金属と交換できる保証があれば兌換紙幣として利用されます。

兌換の貨幣の価値が何によって決まるのかも説明しておきます。金貨であれば、金貨のなかの金含有量で価値が定まります。ではもともとの貴金属としての金の価値は何によって裏打ちされるのでしょうか。

金脈を見つけて金を採掘するのには、莫大な費用がかかります。金脈を新たに見つけて採掘するのにコストがかかるからこそ、金貨は高価なわけです。そして、金を採掘して新たに金貨1枚を鋳造するのに必要なコスト、これが金貨の価値を裏打ちするのです。

何かを生産する際には費用が必要です。それまでの生産規模以上に追加して生産するなら、追加的な費用が必要です。経済学では、追加的な生産に要する追加的な費用のことを**限界費用**と呼びます。米の生産を1キロ増やそうというとき、千円かかるのであれば、1キロ単位でみたときの米の限界費用が千円ということです。金貨についても、金貨1枚に関する限界費用が金貨の価値を裏打ちします。

価値の裏打ちの仕方によって貨幣を2種類に分けるというとき、もうひとつの種類が不換の貨幣と呼ばれるものです。政府や中央銀行もしくはその経済を代表するリーダー的存在が貨幣として認めることで流通する貨幣です。現代の日本で流通している日本銀行券は日本銀行が発行する不換紙幣です。

なお、金貨や銀貨は一般的に物（金属）の価値に裏打ちされた兌換貨幣ですが、金属の貨幣がすべて兌換貨幣というわけではありません。

宋銭、元銭あるいは明銭が普及した13世紀後半から14世紀前半、地価や米価は下落傾向にありました[16]。しかし金属組成を分析する限り、中国銭のなかでもこの時期に流通していたものが特に貴金属的価値の高いものというわけではなかったそうです。つまり、地価や米価の下落傾向は、銭貨の貴金属的価値の変動によって説明できるものではなかったのです[17]。

金属組成に関わりなく、どの銭貨も1枚1文とカウントされ、貴金属的価値と無関係だったわけですから、鎌倉・室町時代の中国銭は、金属貨幣でありながら不換の銭貨だったのです。同様に、日本政府が発行する五百円玉などの硬貨も不換の貨幣の一種です。

暗号通貨と国際金本位制の共通点

では、現代の**暗号通貨**は、兌換の貨幣と不換の貨幣のどちらにあたるでしょうか。暗号通貨は、コンピューターネットワーク上に創設された仮想の採掘場から掘り当てて入手できる通貨です。通貨を採掘する、つまりマイニングするための計算処理に必要なコストが暗号通貨の価値を裏打ちします。このことは、採掘場からの採掘と鋳造のコストが金貨の価値を裏打ちする点と似通っていると言えます。つまりマイニング（仮想世界での採掘）の限界費用が暗号通貨の価値を裏打ちしているのです。

こう考えると、暗号通貨は、仮想の本位貨幣（兌換の貨幣）であることがわかります。仮想でありながら、本位貨幣が国境を越えて利用される。これが暗号通貨の本質です。

さて、金本位制は、金という貴金属と兌換できることで貨幣の一般的受容性を裏打ちする仕組みです。一国で金本位制がしかれる、あるいはある地域で金貨や銀貨が流通した事例ということであれば、枚挙にいとまがありません。しかし、本位貨幣が共通の価値の裏打ちの仕方で国境を越えて複数の国々で採用されたとなると事例はひとつです。その事例が、**国際金本位制**です。

国境を越えて利用される本位貨幣として暗号通貨を位置づけるならば、国際金本位制は暗号通貨を考える重要なヒントになるはずです。

ここからは、暗号通貨の今後を理解するためにも、そのヒントとして国際金本位制について見ていくことにしましょう。

国際金本位制の仕組み

1816年、英国は1ポンド貨幣を金貨として鋳造し、この金貨に両替でき、なおかつ一定量の金と交換できる兌換紙幣が発行されます。こうして英国で金兌換の制度、すなわち金本位制が確立しました。

そして英国がインドなど植民地経営により貿易黒字を広げていたことから、やがてポンドは各国の投資家にとって魅力的な人気のある通貨となり、英国ポンドが、国際貿易における重要な決済手段となっていました。そうしたなかでポンドの価値が金に裏打ちされたことで、ドイツ、フランス、あるいはアメリカといった国々でも金兌換を開始し、自分たちの通貨の価値をポンドにくくりつけるようにしたのです。

金本位制を採用した国々の間で、金の輸出入が自由化されます（正確には金現送と呼びます）。とりわけアメリカの参加を機に、国際金本位制と呼ばれる国境を越えた貨幣制度が構築されたのです。

兌換紙幣の一般的受容性は、法定平価（法律で定められた交換比率）で金と兌換できることで与えられます。そのため政府が金本位制を運営するには、金貨の地金だけでなく、紙幣と兌換できる量の金が必要です。兌換のための政府の金保有量を金準備と呼びます。

国際金本位制とは、兌換目的のために充分な金準備のある国どうしで、金の輸出入を自由化する枠組みのことです。したがってある国が国際金本位制に仲間入りしようと思えば、その国の貨幣制度の政策当局が充分な量の金を保有しておかなくてはなりません。これに加えて、金を自由に輸出入できなくてはなりません。

下関条約で可能となった日本の国際金本位制

こうした国際金本位制の意味合いを考えると、徳川政権の下での「江戸の金遣い」は国際金本位制と呼べるものではありません。なぜなら徳川政権は、他の金本位制の国と金を互いに自由に現送しあう協約を結んでいなかったからです。「江戸の金遣い」で成立していた金本位制は、国際金本位制とは別次元のものです。

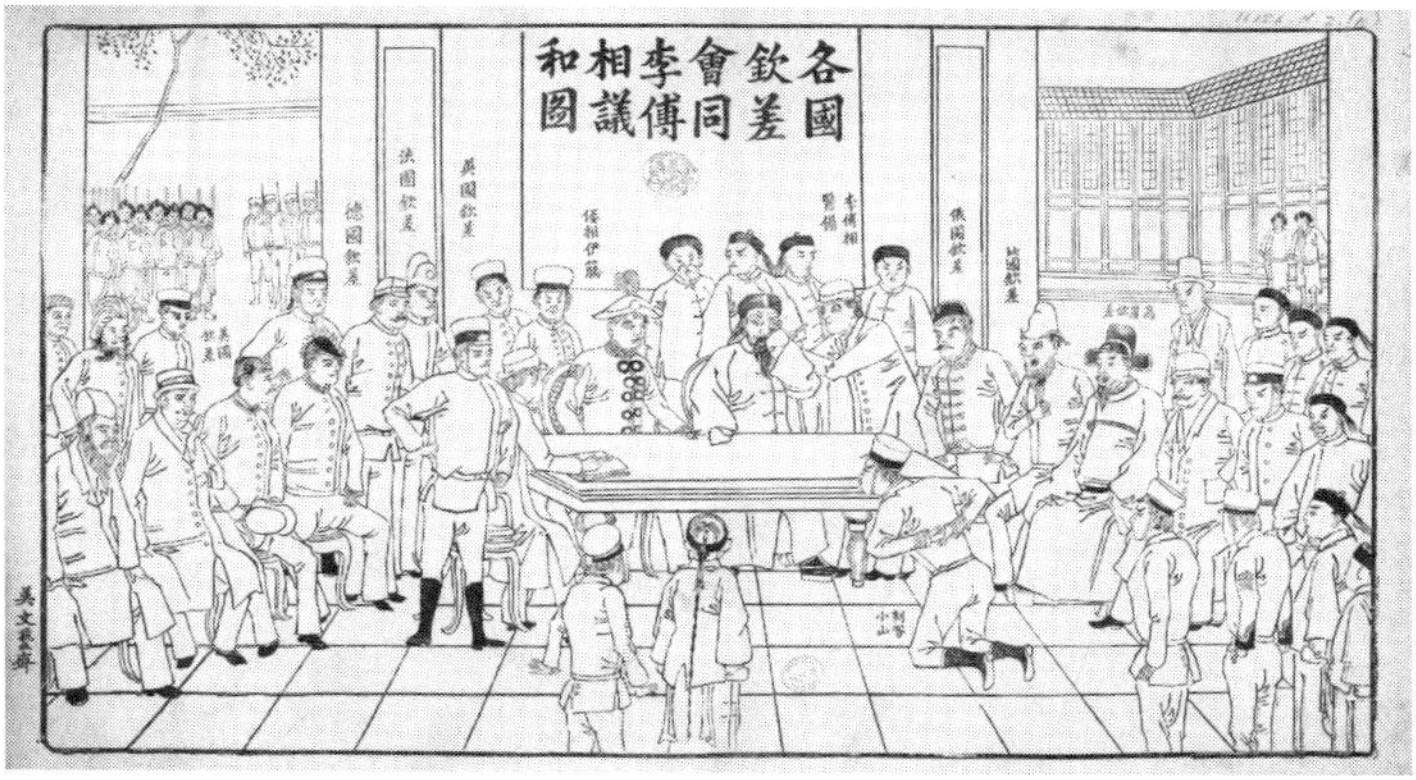

下関条約締結
画像：清国・各国欽差会同李傅相議和図　国立公文書館アジア歴史資料センター／大英図書館請求記号：16126.d.2(14)

日本が国際金本位制に参加するのは1897（明治30）年のことです。金準備の基盤となったのは、1895（明治28）年の下関条約（日清戦争の講和条約）で獲得した賠償金です。当初、賠償金は2億両（テール）が銀で支払われる条件でした。しかし、日本はフランス、ロシア、およびドイツからの干渉（いわゆる三国干渉）を受けます。これにより遼東《リャオトン》半島を返還することになり、その代償として賠償金が上乗せされます。そして賠償金は英ポンド金貨で支払われることになりました。

このような過程を経て1897（明治30）年に貨幣法が制定・施行されます。この貨幣法の制定により、日本は国際金本位制の仲間入りをしたのです。[18]

国際金本位制に仲間入りするメリット

国際金本位制の参加国がわざわざこの枠組みに参加した理由は2つあります。ひとつは大英帝国がイニシアチブを取る貨幣制度を採用することで、国際協調の姿勢を表明できるという理由があります。

ではなぜ大英帝国が国際金本位制の採用を持ちかけるのでしょうか。ここでもうひとつの理由がクローズアップされます。それは競争力格差の縮小です。国際金本位制に参加すれば為替相場が安定的に推移するため競争力格差が縮小する、と英国の主流の経済学者、ひいては英国政府が主張するようになるのです。

国際金本位制に参加した国々では、為替相場が安定的に推移することで、競争力格差が縮小する、という考え方が受け入れられたのです。

まず、なぜ国際金本位制に参加すると為替相場の安定が見込まれたのか、その理由から説明しておきます。当時日本において、1897（明治30）年貨幣法での法定平価は、100円につき金75グラムです。1ドルは金1・5グラムに相当したので100円は50ドル（正確には49・875ドル）と交換できます。

ここで、75グラムの金の日米間の輸送コストを0・5ドルとしておきます。ドル保有の人気が高まると、100円は49・9ドル、49・8ドルと徐々に安くなります。ただし49・5ドル以下の相場にはなりません。それ以上円安ドル高が進めば、100円をドルと交換せずに75グラムの金と兌換して輸送した方が得だからです。同じことですが、

(図表1-4) 国際金本位制の下での国際競争力格差の縮小

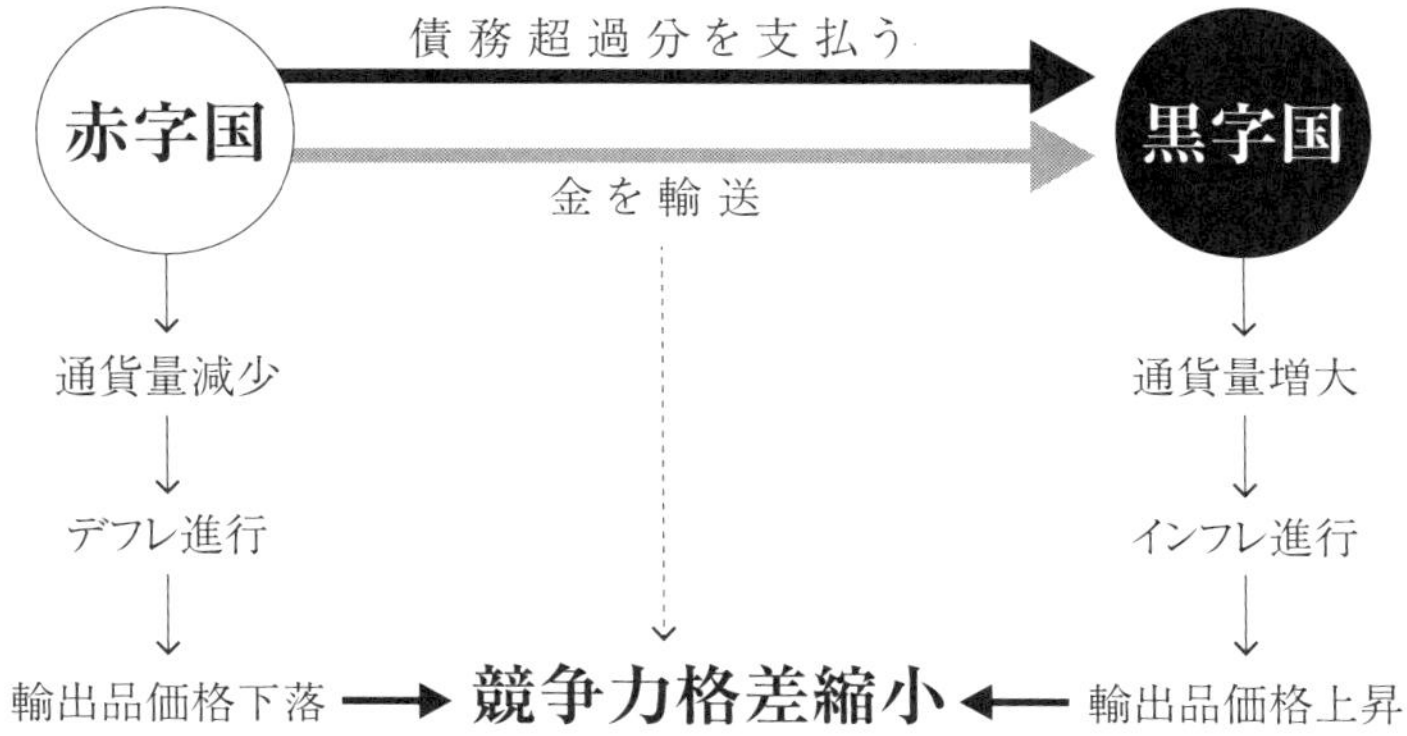

100円が50・5ドル以上になることもありません。つまり為替相場が、金の輸送コストの範囲でしか変動しないことになります。そのため、為替相場は安定することになります。

次に、なぜ為替相場が安定することが競争力格差の縮小につながるものと考えられていたのでしょうか。その理由を説明しておきます（図表1－4）。

金輸送が可能な国どうしで、一方が貿易黒字国、もう一方が貿易赤字国だとします。赤字国は黒字国に債務が超過した分の額を支払います。同時に、国内の通貨量は金準備に定められるので、通貨を流出させる分だけ金を輸送しなくてはなりません。なぜなら金本位制のもとでは、流通する通貨の量は、それらすべての通貨の価値を裏打ちする金、すなわち金準備に制約されているからです。例えば英国との取引で日本側が代金を支払う以上、日本が通貨量を減らし、英国は通貨量を増やします。このとき、日本で円が減り、英国でポンドが増える分、日本から英国に金を送り届けることが合意事項だったのです。言い換えれば、国際金本位制は、通貨を相手国に渡す際には、通貨を裏打ちする分量の金も、政策当局の責任で送り届けるようにしましょう、という各国間の協定によって成立していたのです。

このようにして、黒字国に金が流入します。

ここで黒字国で通貨が増大すると、そのことはインフレ圧力となります。そして自国製品の価格が上昇すると、黒字国の国際競争力は低下します。逆に赤字国では通貨量減少によるデフレが進行しますので、国際競争力の回復が見込めることになります。

このようにして、黒字国と赤字国との国際競争力が格差縮小に向かうことになります。

19世紀の経済学は、市場経済における自由競争や価格メカニズムの原理を賛美する、いわゆる古典派経済学の体系が主流でした。当時の経済学者にとって、価格メカニズムを通じて国際競争力格差を縮小できる点で、国際金本位制は理想の枠組みだったのです[19]。

（図表1-5）国際金本位制の現実

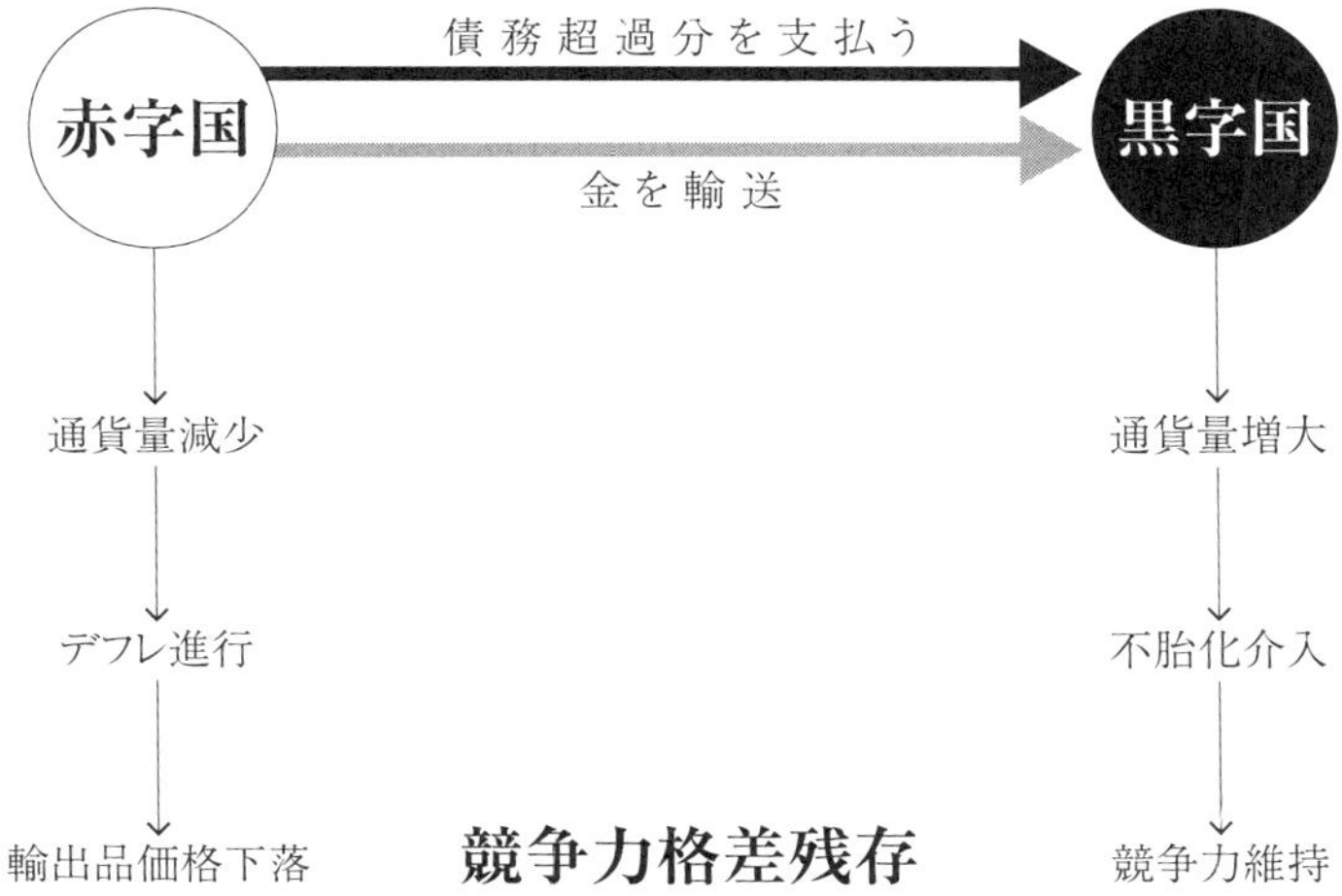

国際金本位制はなぜうまくいかなくなったのか？

価格メカニズムを通じて国際競争力格差が是正される、という国際金本位制のロジックには盲点がありました。黒字国の金準備が増大した場合、黒字国政府にインフレ抑制の動機が芽生えるという点です。具体的には、黒字国の政策当局が国債を売却すれば、国内に流通する通貨を吸収できます。つまり通貨量の増大を防ぐことができます。

通貨量の変化を相殺する目的で為替相場に介入する政策措置を不胎化介入、もしくは不胎化政策と呼びます。そして黒字増大により金準備が増大したとしても、黒字国政府は不胎化介入を実施すれば競争力を落とさずに済むのです（図表1－5）。

国際金本位制においては、このような不胎化介入は許されないものでした。参加国は、自国の物価安定を優先させることはルール違反とされたのです。黒字国が、国際競争力が落ちるのを黙って見守るべきだとする、いわば美学が国際金本位制の理念に含まれていたのです。

不胎化介入がルール違反だというのであれば、これを防ぐ枠組みが必要でした。しかし国際金本位制では、自国の物価安定を優先させる行為に対するペナルティについては特に定められていなかったのです。現実には、金が流入しても通貨量の増大を抑制する、あるいは金流出を防ぐなど、自国の物価の安定を優先させる国が相次ぎました。[20]

これはある意味、当然のことです。現代においても、日本をはじめとする各国の金融政策は、自国の物価もしくは物価上昇率の安定を重要な目標としています。物価面での不安定性は、経済全体に不確実な要因を与えることになります。税制・会計の実務面でも混乱が生じます。物品の価格が上昇した際に質が高まったのか生産費用が高まったのかが不分明にもなります（価格の**シグナリング**機能が低下します）。物価の見通しが不透明になることは、望ましくないのです。

その点、国際金本位制の理念は、現代の金融政策の理念と相反しているのです。

ルールや約束事を守らせるために、相手の退路を断つこと、つまり約束したこと以外に選択の余地を与えないようにすることを**コミットメント**と言います。国際金本位制は、ルールを遵守させるためのコミットメントが欠如していた枠組みだったのです。

コミットメントなしに美学だけでルールを守らせようとしたことで、国際金本位制は失敗することになりました。

金が通貨の価値を裏打ちする時代の終焉

１９１４（大正３）年、第一次大戦が勃発します。これを受け、金兌換を打ち切る、あるいは金準備と流通通貨の関係性を断ち切るといった手段で各国が国際金本位制から離脱します。日本も１９１７（大正６）年に金輸出禁止を宣言し、国際金本位制から離脱します。

１９１９（大正８）年、パリ講和会議を経て第一次大戦は終結します。そして各国は国際金本位制への復帰を次々と表明します。これは国際金本位制の理念に賛同するということではなく、大戦後のポジションとして国際協調姿勢をアピールしたものでした[21]。

１９２５（大正14）年に英国が金本位制に復帰し、これを受けて他の国々も相次いで復帰します。

日本も国際金本位制に復帰しました。1930（昭和5）年1月、濱口雄幸内閣は、「100円＝49・875ドル」という旧来の平価での金輸出解禁、すなわち金解禁を断行しました。このとき政策運営にあたったのが、大蔵大臣の井上準之助です。

実は当時日本では、その少し前の1920年代に起こった慢性的金融不安のなかで円の価値が低下していました。そのため、実質的な円急落を根拠に、新平価として100円を46・50ドル程度に引き下げるべきとする主張もありました[22]。しかし議論の末、金解禁は旧平価で実施されることになりました。その背景には、金輸出禁止の無効を宣言するだけで良いので政策上のコストが少なくて済んだという理由もあります。

旧平価で解禁されたということは、円が事実上切り上げられたということになります。このことは輸出に不利になります（ドルで得た売上金を円に替えようとするとき、円安に比べて円高のときは円表示の売上金が少なくなってしまいます）。

大蔵大臣の井上準之助は、緊縮財政を実施するとともにあらゆる産業でコストカットを断行することで、この危機を乗り越えようとします。

図表1－6[23]は、東京卸売物価指数と為替相場（100円に対するドル相場）の推移を示すものです。横軸は1926年1月から1936年12月までを示します。実線として描かれた折れ線グラフが、1900年10月時点を100とする東京卸売物価指数であ

（図表1-6）東京卸売物価指数と為替相場（1926年1月－1936年12月）

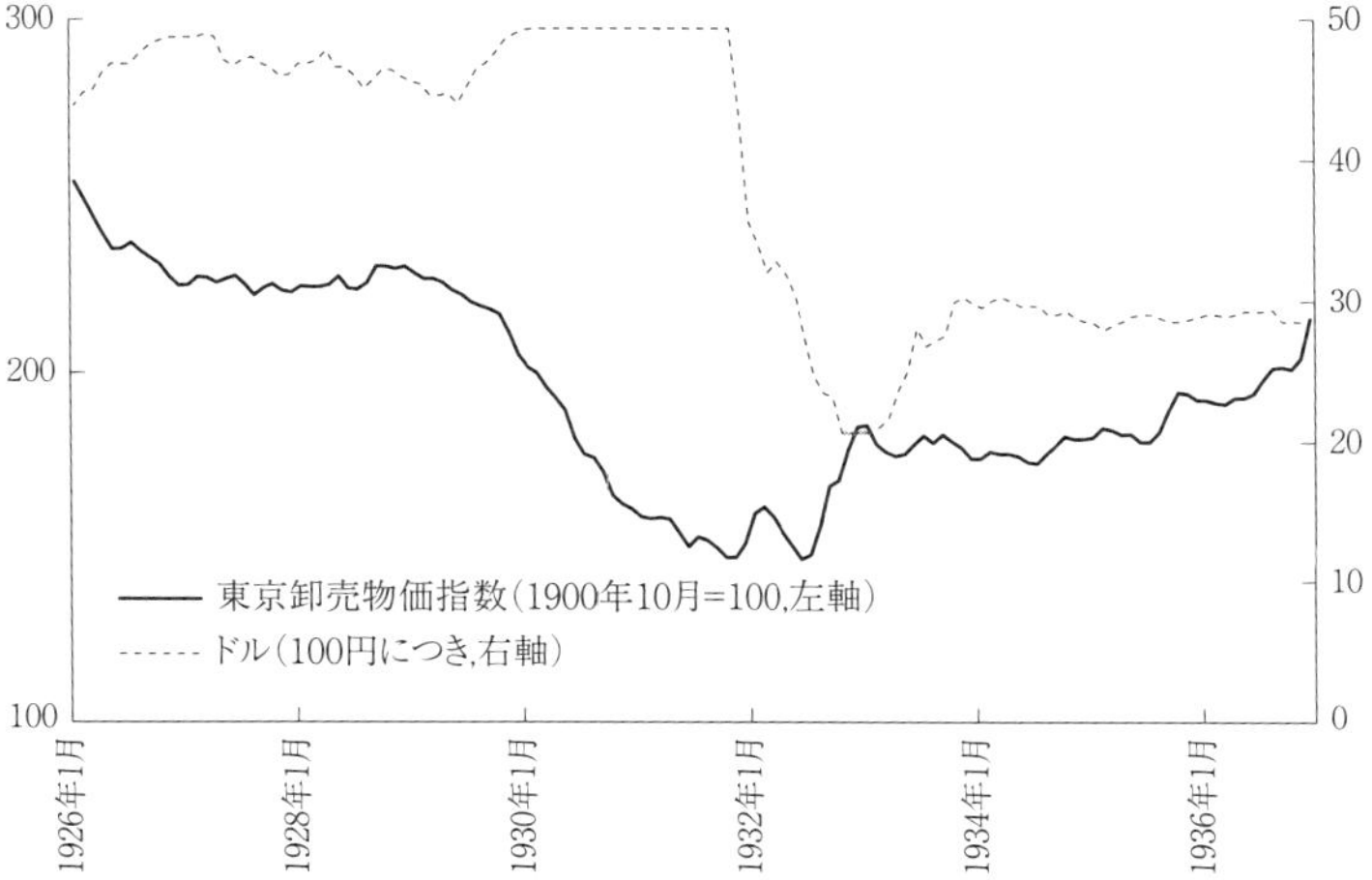

出所：日本銀行『本邦経済統計』（横山2016、図表7-13）

り、左縦軸で数値を評価します。この実線はすでに１９２６年から下落トレンドを見せています。ここにデフレを読み取ることができます。ただしこのデフレが、１９３０年１月を境に顕著な急降下を見せています。井上財政によってデフレがいかに進んだのかが分かります。

一方で、図表１－６の点線の折れ線グラフとして描かれているのは、１００円に対するドル相場で、右縦軸で数値を評価します。この点線をたどると、50ドルよりほんの少し低い水準のまま高さが変わらずにある期間が確認できます。１９３０年１月から１９３１年11月までです。この「まっすぐな点線」こそ、国際金本位制に復帰したことで円相場が安定化したことを示すものです。為替相場は見事に安定しているのです。

そしてこの時期、為替相場が安定するなかで、貿易赤字は拡大していたのです。

１９３１（昭和６）年12月、犬養毅内閣が組閣されます。大蔵大臣に就任したのが高《たか》橋是清《はしこれきよ》です。高橋は現状を憂慮し、金輸出の再禁止を断行します。円を事実上切り上げた状態からいち早く脱し、円安に切り替えることで輸出増大を図ったのです。この為替政策の切り替えは、景気回復の起爆剤となりました[24]。

高橋是清（1854-1936）。明治～昭和の官僚、政治家、大蔵大臣、総理大臣、日銀総裁。
画像：国立国会図書館ウェブサイト

１９３３（昭和８）年、外国為替管理法により金現送、外国銀行への預金、あるいは外国債の保有などが政府の許可を必要とするものと定められます。ここに管理通貨制度がスタートします。高橋が他界した後、１９４２（昭和17）年制定の日本銀行法は「従前の兌換銀行券は本法による銀行券とみなす」と定めました。紙幣はすべて日本銀行券扱いとされ、兌換紙幣が名目上も消えることになります。

そして当時、日本だけでなく他の各国も、国際金本位制からの離脱を進めていました。1931（昭和6）年には英国とドイツが、そして1933（昭和8）年にはアメリカが離脱したことで、国際金本位制は事実上瓦解しました。

その後、第二次大戦後には金とドルの交換を軸とした国際通貨体制が築かれます。戦後の日本経済は、しばらくの間、1ドル＝360円に貼り付けたままの固定相場制が敷かれました。

しかし1971（昭和46）年の金ドル交換停止（ニクソン・ショック）が大きな転機となり、一旦、1ドル＝308円に切り上げられます。そして1973（昭和48）年には日本を含め各国とも変動相場制に移行します。

金が通貨の裏打ちをする時代は、ここに幕を閉じたのです。

国際金本位制は、国内物価の安定と貨幣制度における国際協調との両立に挫折したという歴史的経験です。この挫折の経験をふまえて、暗号通貨の時代にどうすべきか、これから様々な視点で議論が交わされることが期待されます。

本章のまとめ

本章では、暗号通貨の枠組みをヒントにしながら、鎌倉・室町時代の中国銭、徳川時代の両替商ビジネス、そして国際金本位制について学習しました。

暗号通貨は、様々なビジネスマッチングの機会や決済サービスを生み出すものと期待できる側面があります。一方で、国際的な枠組みをどのように構築すべきか、大きな課題を我々につきつけているのです。

私たちの日常生活あるいはビジネスにおいて暗号通貨がどのように姿を変えていくのか、貨幣の歴史を振り返ることはそのヒントを探ることでもあるのです。

第2章 インセンティブの経済学

introduction

人と組織を動かすインセンティブ

ビジネスや日常生活では、誰かに何かを依頼する場面が現れます。上司が部下に業務を課す、教員が児童・生徒・学生に学習させる、政府が国民に納税をさせる、などです。これらの場面では、依頼される側の本気が引き出されないことが少なくありません。私たちは、普段の生活、ことにビジネス現場において、特定の行動について誰かにできるかぎり真剣に取り組んでもらいたい場面に遭遇します。このような場面で鍵となるもの、それがインセンティブです。

インセンティブは「刺激」と訳されます。英語の綴りは"incentive"です。これはラテン語のin（～の内面へ）とcantus（歌）が語源です。「歌う気分にさせる」というニュアンスから「その気にさせる」「ハートに火をつける」という意味が備わっています。

個々人のモチベーション、つまり内面の動機には、向上心、探究心、承認欲求、競争心、金銭欲、正義感、あるいは恋愛感情など、様々な側面があります。インセンティブ設計とは、「相手のモチベーションを刺激して何らかのノルマに関してその気にさせるための工夫」を意味します。

経済学は、集団（社会あるいは組織）の行動を分析対象とします。人々がどんな理由でどんな行動を取る傾向にあるのか、インセンティブに着目して制度設計を考えます。集団行動や集団のなかの平均的な個人の行動や意思決定を考える上で、経済学におけるインセンティブはとても大事な視点です。労働、金融、税制、会計、社会福祉、あるいは環境問題など、あらゆる分野でインセンティブに着目した議論が交わされています。

本章では、3つの事例（模範工場、律令制、特許制度）をクローズアップして、インセンティブの基礎を解説します。相手の行動を設計、つまりデザインするときにどのような注意が必要か、経済学での解き明かし方を見ていくことにしましょう。

日光電気精銅所の「働き方改革」
——金銭的インセンティブ

1910年代、いくつかの工場が経営者の間で「模範工場」として話題になります。そのひとつが日光電気精銅所（現・古河電工）です。本節では、この工場で実施された賃金体系の改革をクローズアップしつつ、金銭的インセンティブについて解説します。

「模範工場」以前

日光電気精銅所は、1906（明治39）年に「銅山王」として知られる古河鉱業（現・古河機械金属）の創業者、古河市兵衛が創設しました。古河鉱業が足尾銅山で採掘した鉱石をもとに、この日光電気精銅所は主として銅線などの加工品を製造しました。水力発電を中心とする電力化の波が到来していたことから、銅線は当時の大きなビジネスチャンスだったのです。

日光電気精銅所
画像:古河鉱業会社日光電気精銅所　渋沢史料館所蔵

１９０７（明治40）年、その日光電気精銅所で労働者が暴動を起こします。1日12時間に及ぶ長時間労働、不衛生な環境など、工場としてはフラストレーションのたまる現場だったようです。創立まもなく、同所では様々な問題があらわになっていました。

古河鉱業が特に問題視したのは粗製乱造です。当時、同所では粗悪な製品が大量に生産されていたのです。また、製品検査を徹底させ、ほとんどの製品が不良品と認定されてしまったことで、従業員がかえって反発するという事態も起きていました。

問題は賃金体系

１９１２（大正元）年、鈴木《すずき》恒三郎《こうざぶろう》という人物が日光電気精銅所の所長となります。所長就任直後、彼は日光電気精銅所の現場に足を運んで愕然とします。鈴木が目の当たりにしたのは、長時間労働の過労に苦しむ従業員、あるいは機械操作の不習得を何とも思わない従業員たちでした。

こうした事態の原因がどこにあるのか、彼はその答えが従業員の賃金体系にあると判断しました。従業員の賃金は製品の総重量に応じて出来高払いで与えられていたのです。


出来高払いで金銭的なインセンティブを与える場合、**ＫＰＩ**（Key performance indicator）、つまり目安となる指標をどうするかが問題となります。

当時、日光電気精銅所では、総生産量がＫＰＩとされていました。しかし、このようなＫＰＩでは従業員に長時間労働の**インセンティブ**を与えてしまいます。製品の品質はともかく総重量を増やせば給料が増えるからです。これでは、良質な製品を生産することへの注意が削がれます。機械操作の腕を磨くことに無関心になったり、あるいは長時間労働で従業員が過労に苦しんだりしても不思議はありません。

こうした従業員に対し良質な製品の製造に注力するように仕向けなくてはなりません。皆さんが鈴木の立場ならどうしますか？

「参加制約」と「インセンティブ整合制約」

インセンティブ設計を通じて仕事をさせる側、つまり依頼する側を依頼人、依頼される側を代理人と呼ぶことにします。そして双方の間柄をインセンティブ関係と呼ぶことにします。

代理人が高い**モチベーション**で依頼内容を実行してくれるなら、話は簡単です。しかし現実にはそうもいきません。モチベーションの低い相手のハートに火をつけるための工夫が必要です。あるいは、すでに高いモチベーションを持っている相手を萎えさせないよう注意しなくてはなりません。

依頼人が代理人に何らかの仕事を依頼するというときには、2つのハードルがあります。第1のハードルは、依頼人が代理人をインセンティブ関係に参加させなくてはならないことです。代理人が「同じ時間、別のことをした方が良いように思えます。すみません」と断るようであれば、インセンティブ関係を結ぶことすらできません。このハードルを参加制約と言います。日光電気精銅所に関して言えば、鈴木恒三郎は従業員に働き続けてもらうことが第一の関門でした。

依頼人の第2のハードルは、代理人のモチベーションを高めなくてはならないということです。代理人からすれば、わざわざ労力をかけなくてはなりません。依頼人は、代理人のハートに火がつく刺激を与えることで、釣り合いを取らなくてはなりません。このハードルをインセンティブ整合制約と言います。日光電気精銅所に関して言えば、「いかに良質な製品を製造するインセンティブを与えるか」という問題を賃金体系を通じてクリアできるかどうかがポイントとなります。

鈴木恒三郎の解決策

鈴木の解決策は次の通りです。

彼はまず勤務時間を昼間9時間に制限すると明言し、働いた時間に応じた給与を支払うものと従業員と約束しました。そして、この時間給に上乗せで、賞与として作業奨励金を支払うという仕組みを提示します。作業奨励金には4つの査定基準（製品数量の増加、屑物の減少、消耗品の節約、そして品質の向上）が設けられました。ただし欠勤した場合は日数に応じて作業報奨金が減額されました。[1]

また、従業員の努力を引き出すためには、努力の成果をきちんと把握することが必要です。鈴木は、従業員を正当に査定できるように組織編成も見直します。主任、部長そして組長といった役職について、主任は工場内の、部長は部内の、そして組長は組内の監督責任者とそれぞれ位置づけました。そして彼らを監督責任に専念させるため、記帳・計算といったデスクワークはすべて専門の事務職員に担当させたのです。[2]

このように鈴木は、賃金体系の変更に対する補完的な措置として、組織を再編したのです。こうした改革を通じて、インセンティブ整合制約、つまり「いかに良質な製品を製造するインセンティブを与えるか」という問題が現実にクリアされたのです。なお、努力が実った従業員は作業奨励金を手にできますが、努力がなかなか実を結ばない従業員もいたかもしれません。そうだとしても、働いていればある程度の時間給が保証されるという鈴木の制度改革は、参加制約、つまり「インセンティブ関係に参加させる」ことをクリアする大きな要素になっていたと言えました。

鈴木自身の回想によると、従業員の生産性は実際に向上したようです。1ヶ月1000人昼夜かけて160万斤生産していたところを、800人で170万斤生産できるほどに、つまり1人当たり生産量が1600斤（0・96トン）から2125斤（1・275トン）に増大しました。該当箇所を引用しておきます。

「……私の赴任した以前に於いては、千百余人の職工を使って昼夜兼業で一ヶ月僅かに百五六十万斤の銅線を製出して居たのが、私が引受けて後一年半経った昨年（1913年：引用者注）の五月には、職工が八百人に減じて、夜業を廃し、昼業のみにて優に百七十万斤以上を製造することが出来るようになった、しかも其製品の品質が以前とは比べ物にならない程に良くなって、おまけに一人当たりの賃金は倍加したけれども、製造費は却って三割即ち年額約十五万円を減じた」[3]

こうした成果もあり、日光電気精銅所は模範工場として当時の経営者に注目されるようになったのです。

温情主義だけではインセンティブは高まらない

日光電気精銅所の改革に伴う参加制約のクリアについて、もうひとつ参照しておきたい事項があります。鈴木恒三郎は、温情主義者の代表例でした。温情主義とは、福利施設や娯楽の機会を提供するなどして、従業員の幸福感を高めつつ組織の一体感を築きあげる経営方針です。[4] 当時、食堂、浴場、あるいは幼稚園を整備することで温情主義を掲

げた経営者は少なくありませんでした。鈴木も、こうした施設に加えてアイスケート

コラム

細井和喜蔵『女工哀史』

細井和喜蔵は、紡績工場の観察記録として雑誌『改造』に記事を連載します。これをまとめたのが1925（大正14）年に刊行された『女工哀史』です。彼の内縁の妻（としを）の実体験をはじめとした見聞録です。「女工」と称された従業員の女性たちを活き活きと描く一方で、彼女たちを「監獄より酷い」環境におく使用者に対して抗議・批判の目を向けています。さながら大正時代の「ブラック経営ルポルタージュ」とも言えます。従業員に対する絶対的な服従を求める立場として工場主を描いており、細井和喜蔵からすれば、従業員の幸福感を高めるという経営者の温情主義は、服従を求められる側から見て、気分の悪くなる発想に思えたのかもしれません。

『女工哀史』細井和喜蔵著
岩波書店

など各種スポーツクラブを設置しました。クラブ活動は組織内、さらには近隣地域との一体感を形成します[5]。

もっとも、経営者による一方的な仲間意識の押しつけに対しては、細井和喜蔵の『女工哀史』のように拒絶反応や反発の声もあったことは無視できません（コラム参照）。

さて、日光電気精銅所において、賃金体系の改革と温情主義との、どちらが生産性の向上に貢献したのでしょうか。その点については、一概にどちらと言えない点もあり、さらに詳細にデータを吟味して検証する必要があります。たとえば、温情主義と言っても、単なる精神論ではなく、実際に施設を用意するなど、従業員の生活関連の支出を工場が負担するようにしていたからです。鈴木の改革においては、温情主義と金銭的インセンティブとは切り離されることのない関係だったのです。

つまり、これだけは言えるでしょう。

日光電気精銅所の改革は、精神論をかざすだけで終わることのない、インセンティブ面での具体的な内容があってこその成功だったのです。

律令制が衰退した原因はどこにあるのか
——垂直のインセンティブ関係

会社であれば、経営者と中間管理職との間にインセンティブ関係があり、中間管理職と部下の従業員との間にも別のインセンティブ関係があります。前者でのインセンティブの与え方が失敗すれば、後者も経営者の意向と反した状況になります。本節は、こうした垂直のインセンティブ関係について考える例として、律令制を取り上げます。

律令制の樹立

701（大宝元）年制定の大宝律令を基本法典として、天皇を頂点とした律令政府が全国を支配します。この支配体制が律令制です。

律令政府は、全国を68の国々・島に分割し、各国の物品を人頭税として、調（特産品の貢納）・庸（労役の代納）の名目で徴収しました。さらにそれら徴収物を各国に配分する仕組みを構築しました。こうした資源配分を通じて、たとえば山間地域でも海の幸

(図表2-1)朝廷の地方支配

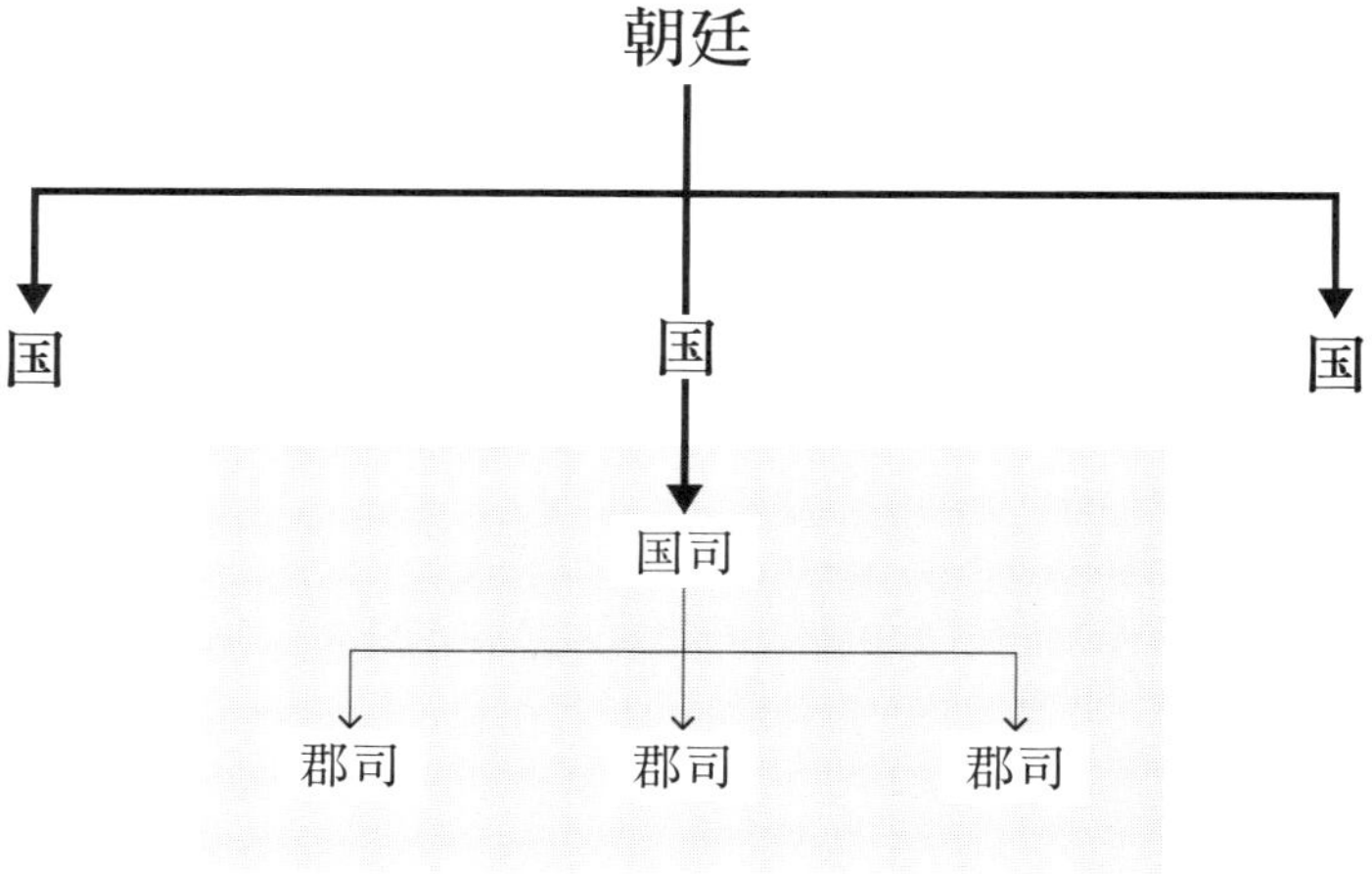

を、沿岸部でも山の幸を入手できるようになったわけです。

このように律令制は、資源配分システムとしては計画経済とも指令経済とも呼ぶことができます。市場経済をコントロールするという発想は前提とされていなかったのです。

国司と郡司を中心とした律令制の資源配分システム

律令制の資源配分において重要な役割を担ったのが、国司と郡司という地方官でした。

律令政府の中央部を朝廷と呼んでおきます。朝廷が国司を任命・派遣し、国司が郡司を支配するという構図が成立します。朝廷と国司および郡司の関係を図示したのが図表2－1です。

国司は、任期4年（当初は6年）として朝廷が各国に派遣した地方官です。定められた位階（官職を得る資格のこと）を持つ者のうち、希望者が太政官《だいじょうかん》（朝廷の最高機関）に申請します。そうすることで、太政大臣や左大臣といったトップクラスの官職の審査を経て国司に就くことができました。国司は任国で行政・司法・軍事・警察そして徴税といった政務を総轄します。徴税を受け持っていることから、商業に着手する国司も少なくありませんでした。

一方、郡司は、地域のリーダー的存在に与えられた終身世襲の官職です。郡というのは国の下部の行政単位のことです。なお、郡にはさらに里という単位があり、そのトップとして村落の代表格が里長という役職に任命され、郡司にしたがって行動します（本節では郡司と里長とは一心同体とみなして議論を進めます）。

律令政府（依頼人）が国司（代理人）に徴税させるという関係と、国司（依頼人）が郡司（代理人）に対して貢納させるという関係、これら2つの**インセンティブ**関係が、律令制を支えていたことになります。

律令政府と国司のインセンティブ関係で生じる「隠れた行動」

律令政府は国司に対するインセンティブとして、報酬と昇進の機会を与えます。律令政府の官人には位階という序列表示が与えられていました。位階は過去の勤務評定や試験によって定まります。それぞれの位階ごとに、就任できる官職や支給される位田《いでん》（納税義務あり）が支給されます。官職には限りがあるので、仕事ぶりが評価されなければ官職にはつけず、昇進トーナメントに勝ち進めませんでした。なお朝廷の役職や国司には、職分田《しきぶんでん》という納税義務のない土地が与えられます[6]。

国司は朝廷から任国に派遣されて業務を遂行します。遠く離れた場所での勤務ですから、朝廷と国司とのインセンティブ関係は、非対称情報の状態になります。非対称情報とは、依頼人が代理人の仕事ぶりや努力を成果を通じてしか把握できないことを指します。依頼人が代理人の仕事ぶりを評価する際には、相当程度のコストをかける必要が生じます。こうしたコストを情報コストと呼びます。

国司が人頭税や土地税以外の物品を村落民から奪い取るようなことは、朝廷にとってあってはならないはずのことです（むしろ律令政府からすれば、村落民のもとに必要な物資が行き渡るように国司に依頼したはずです）。国司の仕事ぶりは朝廷にとって距離のある、「**隠れた行動**」になります。**モチベーション**の高い国司ならともかく、そうでない国司には私腹を肥やして物品を余分に奪い取るという歪んだインセンティブが生じます。非対称情報のもと、依頼人である朝廷の意図と異なる思惑が生じるのです。

朝廷は、国司による「隠れた行動」の問題点を克服しなくてはなりません。すなわち、情報コストをかけて国司の仕事ぶりを精査しなくてはなりません。そこで朝廷は、巡察使を派遣することで国司の業務を監視していたのです。さらに徴税の検査役として検税使を派遣し、国司が物品数量をチェックしているかどうかも確認していました。[7]

しかし8世紀末から9世紀初頭にかけて、朝廷の財源不足が深刻となると、巡察使を派遣しなくなります。そして非対称情報のもと、依頼人が情報コストをかけなくなると代理人に歪んだインセンティブが与えられます。その結果、帳簿記載の虚偽など、国司の努力忌避を記す史料が散見されるようになりました。[8] そして朝廷が国司の「隠れた行動」を抑止できなくなるなか、人頭税を徴収することが困難となり、財政不足に拍車がかかるというスパイラルが生じることになったのです。

国司と郡司のインセンティブ関係で生じる「日和見な行動」

朝廷は、各地の村落民に貢納を仕向けるわけですが、実際には国司が朝廷の代理人として村落民の代表である郡司に貢納させることになります。国司を依頼人とし、郡司を代理人とするインセンティブ関係のなかで、国司はできる限り郡司のモチベーションが低下しないようにしなくてはならないはずでした。

そもそも郡司の出自は、律令政府が成立する以前から各々の地域を治めていた豪族です。したがってある程度の富裕層です。その郡司がわざわざ国司に仕えるのにはそれなりの理由がありました。

朝廷は、国司を介して郡司に貢納のインセンティブを与えていました。第1に、律令制の資源配分システムに従うことで、他の郡あるいは国々の産品を入手する経路を確保できます。第2に、災害・不作などの非常事態における対応も重要なメリットです。各々の国には食糧の備蓄施設として義倉《ぎそう》が設置されました。緊急時には、国内外の義倉から物資が提供されます。また国司のイニシアチブのもと、救済・復興を目的とした措置を講じてもらえます。第3に、国司を介して朝廷が中国王朝や全国各地から集めた農作業マニュアルを参照できることです。ただし最後に第4のインセンティブとして、貢納しなければ強大な軍事力を背後とした制圧に立ち向かわなくてはならないことが挙げられます。こうして郡司は、国司との従属関係を受け入れることにしていたのです。

中には陸奥・出羽・越後といった国々のように、郡制がしかれずに国司が村落を直接支配していた地域もあります。[9] しかし基本的に律令制においては、国司が郡司に対し面と向かって貢納を迫りました。

ところで、国司と郡司のインセンティブ関係は、朝廷と国司のような非対称情報の状況にはありません。では、非対称情報の問題がなければ「隠れた行動」のように、インセンティブ上の問題は生じないのでしょうか。残念ながらそうではありませんでした。国司（依頼人）と郡司（代理人）の間で、代理人のインセンティブが低下する事態が生じたのです。国司が「**日和見な行動**（機会主義的行動）」をとることで、代理人である郡司の意欲が削がれてしまったのです。

「日和見な行動」とは、約束したはずの報酬を突然カットする、約束したはずのないノルマを言い渡すなど、確約がないのをいいことに好き勝手にすることを指します。依頼人のこうした行為は、代理人を萎えさせてしまうのです。

国司の暴走

国司の「日和見な行動」は、郡司が国司に従属するインセンティブを低下させます。朝廷による巡察使の派遣は、朝廷から見れば国司の「隠れた行動」を抑止する措置でしたが、郡司から見れば国司の「日和見な行動」を抑止してくれる措置でもありました。にもかかわらず、すでに言及したように9世紀になり巡察使が派遣されなくなったのです。これにより、朝廷と国司の間にある非対称情報問題が解決されないことになり、国司は朝廷に対して「隠れた行動」をとりやすくなりました。のみならず、郡司に対して「日和見な行動」をとりやすくなったのです。

朝廷が財政難に陥った主な理由は、多くの村落民が浮浪《ふろう》（指定村落と異なる場所に滞在する）・逃亡（貢納を避けるために村落から離れる）といった手段に出たからでした。もともと国司は、村落民に人頭税を納めさせ、あるいは村落民から選んだ人々に実際に朝廷のもとに物品を運ばせる管理人の役割でした。納めるのはあくまで個々の村落民だったのです。しかし国司の役割が変わります。朝廷は、調・庸といった人頭税を徴収する仕組みを改めます。人頭税にあたる量の物品さえ国司が届けてくれるのなら良い、としたのです。

役割が変わり、国司は、国内の租税を一手に請け負って自らが納める立場になりました（ただしそれでも村落民を動員しますが、管理人として同行するのではなく、自らが率いるのです）。調・庸は廃止され、官物《かんもつ》（年貢）や臨時雑役《りんじぞうやく》（労役）として、国司は郡司に租税を納めさせるのです。これを「国司の徴税請負人化」と呼ぶこともあります。

このように朝廷は、国司に徴税権を与えるかたちで、国内の統治を事実上認めることにしたのです。

国司のなかには、引き続き国司の官職を得るために、寺院造営の費用負担を朝廷に申し出る者が現れました。朝廷は、財政難の打開策として、官職の一部を売買の対象としたのです。官職の買い取りを成功《じょうごう》と言い、同じ官職にとどまることを重任《ちょうにん》と言います。もっとも、成功・重任したにもかかわらず、寺院造営に着手しない国司も少なくありませんでした。[10] 当時、朝廷との約束を平気で破るような人たちが、国司として再任できるようになっていたのです。

国司が定められた分量通り徴収して徴税の請負を果たすなら問題はありません。実際、かねてからの徴収を守った国司も少なくありませんでした。

ただし例外的とはいえ、郡司から苛酷な徴収を訴えられる国司も現れはじめました。郡司としては文書を交わして互いに確約を取れば良いのですが、暴走する国司はそもそもそういった文書を作成しようともしません。

郡司など村落民からすれば、国司が日和見な行動をとらないよう相手の退路を断つ方策が欲しいところです。契約を交わす相手の退路を断つことを**コミットメント**と呼びます（第1章「国際金本位制と暗号通貨の共通点」参照）。しかしながら、郡司たちにはコミットメントの手立てがありません。これでは、国司の要求に対し郡司は嫌気がさします。

第三者によるペナルティ、エンフォースメント

10世紀後半、国司苛政上訴《こくしかせいじょうそ》と呼ばれる訴訟トラブルが頻発しました。苛政上訴というと、いかにも国司が非道な支配をしていたように思われます。実際、訴えを起こした側の訴状は苛酷な支配を物語るものです。

ただし訴状はあくまで訴えを起こす側の言い分です。後世の人間が公正に判断するのは簡単ではありません。国司苛政上訴の頻発は、単に国司と郡司の利害が一致しておらず、その対立の結果として起こされたと考えた方が良いのかもしれません。いずれにせよ、インセンティブ関係としては、国司は利害調整に失敗していたと言えるでしょう。

国司苛政上訴のなかでも、有名なエピソードがあります。９８８（永延２）年、尾張国（現在の愛知県西部）の郡司や村落民が朝廷に対して国司の藤原元命《ふじわらのもとなが》を訴えたものです。徴税権を名目とした過剰な物品徴収、河川整備の不徹底、さらには交通インフラの私物化など、元命の行動がいかに苛酷であったのか、31項目にも及ぶ訴状が提出されました。この訴状は「尾張国解文《おわりのくにのげぶみ》」と呼ばれます。

この訴えを受けて、朝廷は藤原元命を罷免します。また９９４（正暦５）年、藤原元

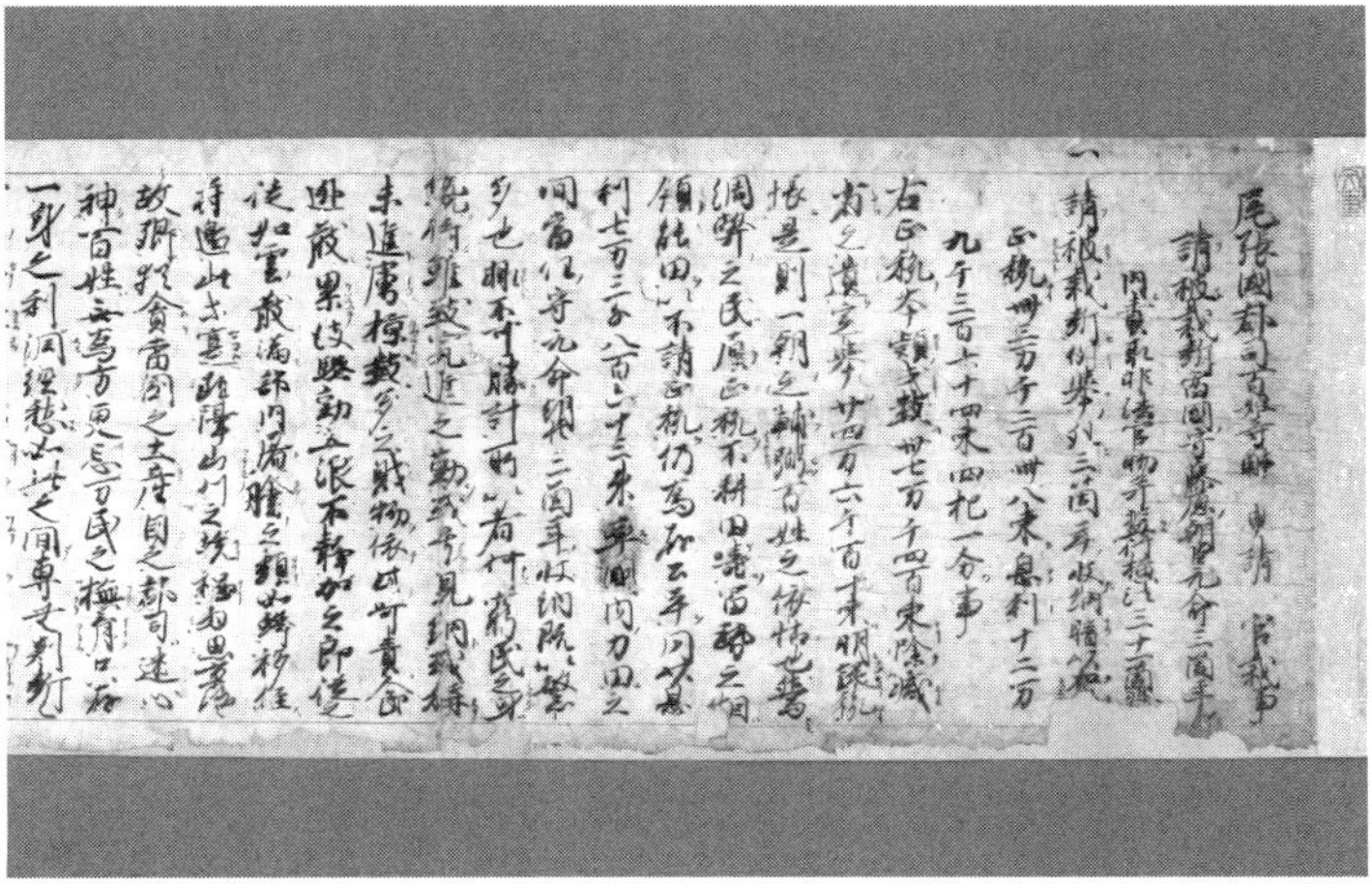

尾張国解文
画像：尾張国郡司百姓等解文（重要文化財）　早稲田大学図書館所蔵

命の邸宅に群盗が押し入るという事件が発生しました。この事件は、罷免だけでは気がおさまらなかった尾張国の村落民による報復とされています。[11]

約束内容を遵守させる強制力を**エンフォースメント**と呼びます。[12]司法制度は有効なエンフォースメントの手段です。契約内容を裏切られた側は、裁判所に訴えて、第三者を通して相手の裏切り行為を罰してもらえます。当時の郡司は朝廷に訴えることで、「日和見な行動」を取った国司にペナルティを与えさせたのです。こうしたペナルティが科されるということが分かれば、他の国司は郡司に対して「日和見な行動」をとり続けにくくなるからです。

ただし、朝廷によるエンフォースメントは、不充分なものでした。とりわけ11世紀になると朝廷では摂関政治と呼ばれる体制になったことが不充分さに拍車をかけました。藤原道長・頼通という父子に権力が集中したのです。国司苛政上訴を受けたとしても、この父子の親近者であった場合は解任されない場合が多く、道長や頼通の顔色をうかがって特に処分も下されないケースも生じました[13]。

朝廷のエンフォースメントに期待できない場合、郡司には、別の抵抗手段がありました。それはインセンティブ関係を逸脱することです。もはや郡司などとは名乗らなくなります。あるいは、それまで郡司でなかった人々も含めて、各地の村落で有力者として権威を誇る者が現れるようになります。

こうした村落の有力者は、国司よりも立場の強い中央貴族や有力寺院・神社に土地を寄進したのです。貴族・寺社に収穫物を確保する権限を与えて、その引き換えとして、村落民が「不輸租（国司の徴税を拒むこと）」および「不入（国司の権限の立ち入りを拒むこと）」を国司（の従者）に対して主張できる権利を手にしたのです。

貴族・寺社が収入源としたこのような村落を荘園と呼びます。貴族・寺社は、すでに8世紀中頃からこのような私有地を手にしていましたが、11世紀になって荘園が増大します。荘園の増大は、朝廷にとっては歳入激減の要因でしたが、貴族・寺社は、荘園を通じて収益を確保できたのです。一方で、村落の有力者の中には事実上の村落の支配者として、武装して権威を誇る者も現れます。彼らはやがて、武士あるいは海賊となるのです。

律令制の時代の当初、国司という中間管理職を経由した垂直のインセンティブ関係は、資源配分の要として機能しました。しかし、朝廷が国司の監視を怠るようになり、国司の中には郡司との間にコミットメントを形成できない者が現れるようになったのです。

こうして律令制は、武家社会の本格化とともに歴史の彼方に消えたのです。

日本の特許制度の成り立ち
——発明のインセンティブ

政府は、特許制度を通じて新技術を発明するインセンティブと、発明者以外の人々が新技術を利用するインセンティブとを国民に与えます。本節では、何らかの行動を促進（もしくは抑止）するための制度が、インセンティブ設計として整備されていることを、特許制度の歴史を通じて見ていくことにしましょう。

フリーライドを抑止して「新規ノ工夫」のインセンティブを与える

特許という日本語そのものの起源は、鎌倉・室町時代の座と呼ばれる同業者グループにまで遡ることができます。それら同業者グループは、有力寺院から「特許札」という営業許可証を与えられていたのです（第6章参照）。ただし、この場合の特許とは専売を許可するという意味です。専売については古い歴史があります。その一方で、発明を促すために発明者に特権が与えられたケースは徳川政権の時代まで確認できません[14]。

福沢諭吉（1835-1901）。幕末〜明治の思想家、蘭学者、教育者。
画像：国立国会図書館ウェブサイト

特許権（patent）、つまり技術情報に関する所有権という意味での特許は、翻訳語として登場します。1867（慶応3）年、福沢諭吉が著書『西洋事情外篇巻之3』で、「パテント」という言葉を解説しています。1868（慶応4）年には神田孝平が、雑誌『西洋雑誌』に寄稿した論説「褒功私説」においてやはり「パテントの制度」として、特許制度を紹介しています。

1869（明治2）年5月27日、第17回目の公議所《こうぎしょ》が開催されました。公議所というのは各地域（藩）の代表者から構成された立法機関です。徳川政権が崩壊し、明治維新政府がスタートして間もない頃は、この公議所が政策決定の場でした。

第17回公議所の議事録によると、「新規ノ工夫」という表現で発明について議論されています。次に示すのはその議事録の一部です。

「善キ工夫ヲ致シ候テモ、余人直ニ真似仕候間、最初工夫仕候者ハ、元手ヲモ取戻兼候。右故自然新規ノ工夫ヲ不致様ニ成行、日新ノ御趣意ヲ失ヒ候様、立至申候、依之此度別段改テ御布告有之、以来都テ新規商売申立候者ヘハ、其株ヲ御許シニ相成、妄ニ同業ノ者無之様被成下度[15]」

（意訳）「改善の工夫を凝らしても、すぐ誰かに真似されてしまうと開発コストの回収が難しくなる。それでは当然ながら新規の工夫はなされなくなる。日本を日々新しくするという重要課題が見失われる深刻な事態と言える。別途の布告を通じ、新たなアイデアには特権を認め、同業者がみだりに真似できないようにしたい」

この議事録で重要な点は、公議所において「新規ノ工夫」に対する**フリーライド**問題が議論されていた点です。フリーライド問題とは、対価を支払わない人間に便乗されることを嫌がって誰も対価を支払わなくなることを指します。

発明者は、「新規ノ工夫」を求めて時間と資金と労力をかけています。こうしたコストは、新技術のビジネスチャンスを手にすれば回収が期待できます。しかし、発明したアイデアが他の誰かにパクられると、ビジネスチャンスも奪われてしまいます。つまりアイデアの便乗、パクリが横行している経済では、「新規ノ工夫」の**モチベーション**が削がれてしまうのです。

公議所は発明のフリーライド問題を防ぎ、「新規ノ工夫」の**インセンティブ**を与えるための制度設計を重要視しました。この提案は、賛成169、反対51人、そして棄権者2人として可決されています。

特許制度には新技術を評価する能力が必要

政府が特許権を認定するためには、申請されたアイデアが特許にふさわしい新技術であると政府が認定しなくてはなりません。特許制度の整備過程においては、この認定能力の面での大きな壁が立ちはだかります。

日本の在来の技術のみならず、諸外国の既存の技術と見比べても新技術だと判断できる評価能力が必要です。加えて、特許権の制度整備は、外交上の重要課題ともなります[16]。もしも海外の技術に詳しくない担当者が、何らかの模倣技術に対して特許を与えたとすれば、オリジナルの発案者の国から非難されるなど、問題になります（それこそ、日本の人気アニメのキャラクターとよく似た着ぐるみが、海外の遊園地で観光客を出迎えていた、という数年前に話題になった件を思い出して下さい。大きな外交問題に発展しかねないことです）。諸外国と肩を並べるためには、何より政府の技術評価の能力を向上させる必要がありました。

1877（明治10）年7月28日付『中外工業新報』（第4号）に掲載された記事は、技術に関する政府の評価能力が不足していると指摘しています。次に引用するのはその該当箇所です。

「本邦ノ如キハ物理ノ学識未タ開ケス百工ノ技芸未タ進マス新器奇術ヲ発明スル者甚タ乏シ偶之レ有モ政府ノ之ヲ保護スル法ナキカ故十年苦辛ノ功モ一朝他人ノ掠奪スル所ト為テ利ヲ得ル能ハズ所謂労シテ功ナキモノトナリ遂ニ世人ヲシテ競進奮励ノ心ヲ失ハシメリ。明治四五年ノ頃政府専売免許局ヲ置カレシカ当時免状ヲ願フ者アリト雖其器具物件観ルニ足ル者ナク徒ラニ官員ヲ煩ス耳ナルヲ以テ終ニ之ヲ廃セラレタリト聞ケリ[17]」

（意訳）「我が国では物理の学識は開発途上である。あらゆる応用分野で技術が立ち後れている。イノベーターは乏しい。その貴重な人材を政府が保護する法もない。十年苦労した末の発明もすぐに誰かに横取りされ、利益を得ることもできない。いわゆる「労して功なし」だ。これでは発明のモチベーションが削がれる。1871（明治4）年に専売免許局を設置したが、出願者が現れても器具物件を評価できる者がおらず、無駄に官員の手間をかけるだけになるというので翌年には廃止されたのだ」

『中外工業新報』の編集責任者は大鳥圭介という人物です。彼は技術官僚として工部省に勤めていた経歴の持ち主です。この記事は、元官僚の立場から政府の評価能力不足を指摘したものです。不足していたからこそ、専売免許局を設置の翌年に廃止せねばならなかったのです。1870年代初頭の段階では、政府部門の評価能力は特許制度を機能させるには不充分だったのです。

大鳥は、雑誌を通じて科学技術の啓蒙活動に尽力するだけでなく、教育活動でも足跡を残しています。彼は工部大学校（現在の東京大学工

大鳥圭介（1833-1911）。幕末〜明治の西洋軍学者、外交官。
画像：国立国会図書館ウェブサイト

学部）の初代校長に就任しました[18]。同校の卒業生には、高峰譲吉がいます。高峰は、1880年代に農商務省で特許制度の整備事業に関わるとともに、やがて特許ビジネスを展開する、いわば特許のエキスパートとなる人物です[19]。そして高等教育の普及を通じて、高峰のような人材がやがて次々と育成されていきます。

特許制度を本格的に運営するためには、発明家だけでなく、発明を評価する側の技術に関するリテラシーの向上も待たなければならなかったのです。

日本の特許制度の本格スタート

1884（明治17）年、農商務省の商標登録所が設置されます。初代所長となったのが高橋是清でした。彼のイニシアチブのもと、特許制度の整備が進みます。

1885（明治18）年に専売特許条例が公布され、特許の侵害に対する刑罰が定められました（第20条「一月以上一年以下ノ重禁錮ニ処シ四円以上四十円以下ノ罰金」）。同年8月に堀田瑞松の「堀田錆止塗料及びその塗法」が特許を取得します。これが日本での特許第一号です。また農商務省工務局は、さらなる特許出願を促すため『専売特許願人心得』というパンフレットを刊行します。

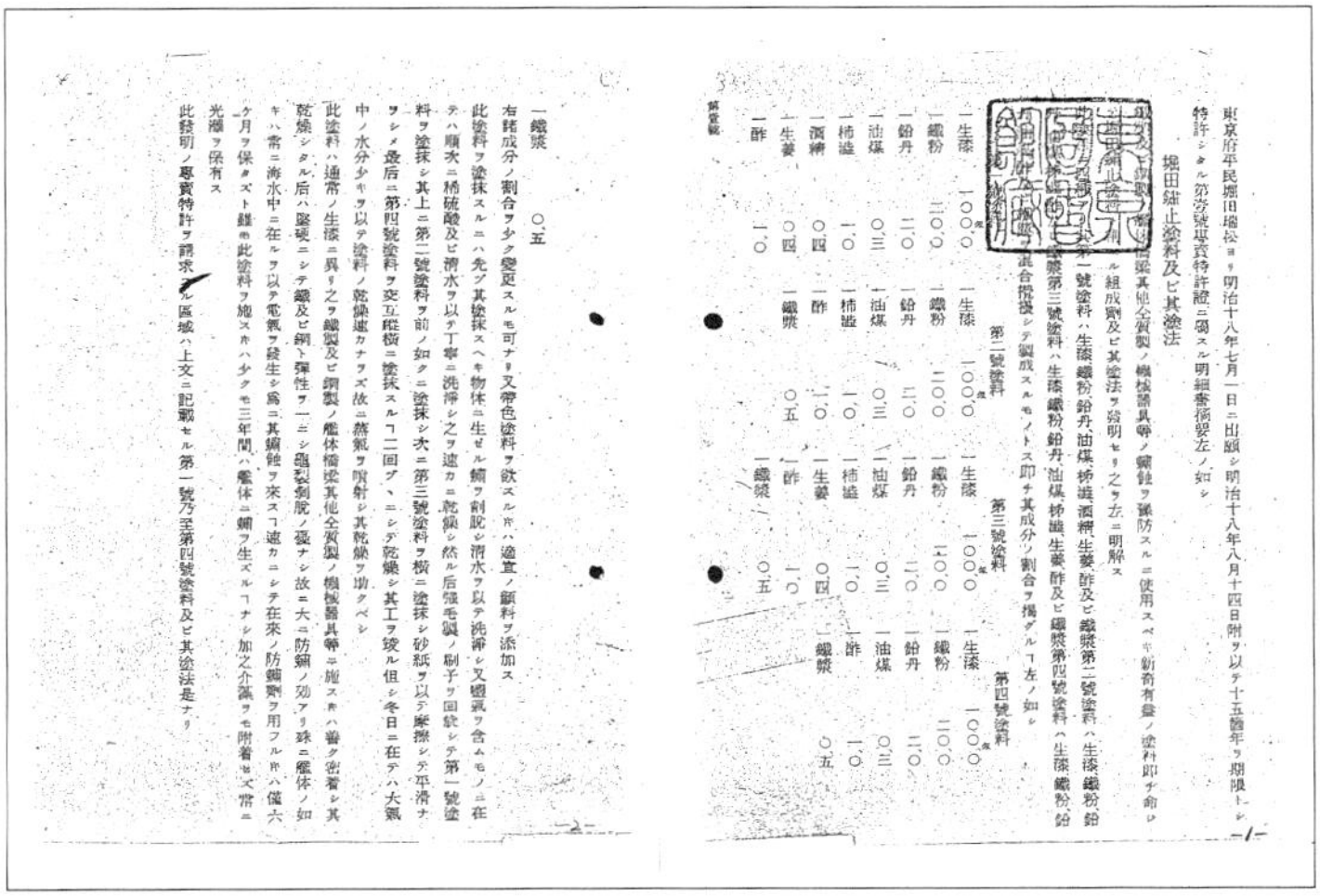

東京府平民堀田瑞松ヨリ明治十八年七月一日ニ出願シ明治十八年八月十四日附ヲ以テ十五箇年ヲ期限トシ
特許シタル第壱號專賣特許證ニ關スル明細書摘要左ノ如シ

堀田錆止塗料及ビ其塗法

[illegible]漆其他全質製ノ機械器具等ノ鏽蝕ヲ豫防スルニ使用スベキ新奇有益ノ塗料即チ命レ[illegible]ル組成劑及ビ其塗法ヲ發明セリ之ヲ左ニ明解ス

[illegible]第一號塗料ハ生漆、鐵粉、鉛丹、油煤、柹澁、酒精、生姜、酢及ビ鐵漿第二號塗料ハ生漆、鐵粉、鉛[illegible]鐵漿第三號塗料ハ生漆、鐵粉、鉛丹、油煤、柹澁、生姜、酢及ビ鐵漿第四號塗料ハ生漆、鐵粉、鉛[illegible]混合攪拌シテ製成スルモノトス即チ其成分ノ割合ヲ揭グルコト左ノ如シ

一生漆	一〇〇、〇
一鐵粉	二〇、〇
一鉛丹	二、〇
一油煤	〇、三
一柹澁	一、〇
一酒精	〇、四
一生姜	〇、四
一酢	一、〇
一鐵漿	〇、五

第二號塗料

一生漆	一〇〇、〇
一鐵粉	二〇、〇
一鉛丹	二、〇
一油煤	〇、三
一柹澁	一、〇
一酢	一、〇
一鐵漿	〇、五

第三號塗料

一生漆	一〇〇、〇
一鐵粉	二〇、〇
一鉛丹	二、〇
一油煤	〇、三
一柹澁	一、〇
一生姜	〇、四
一酢	一、〇
一鐵漿	〇、五

第四號塗料

一生漆	一〇〇、〇
一鐵粉	二〇、〇
一鉛丹	二、〇
一油煤	〇、三
一酢	一、〇
一鐵漿	〇、五

-1-

右諸成分ノ割合ヲ少ク變更スルモ可ナリ又帶色塗料ヲ欲スルトキハ適宜ノ顏料ヲ添加ス

此塗料ヲ塗抹スルニハ先ヅ其塗抹スヘキ物体ニ生ゼル鏽ヲ刮脫シ清水ヲ以テ洗滌シ又鹽氣ヲ含ムモノニ在テハ順次ニ稀硫酸及ビ清水ヲ以テ丁寧ニ洗滌シ之ヲ速カニ乾燥シ然ル后猪毛製ノ刷子ヲ回轉シテ第一號塗料ヲ塗抹シ其上ニ第二號塗料ヲ前ノ如クニ塗抹シ次ニ第三號塗料ヲ横ニ塗抹シ砂紙ヲ以テ摩擦シテ平滑ナラシメ最后ニ第四號塗料ヲ交互縱横ニ塗抹スルコト二回ヅヽニシテ乾燥シ其工ヲ竣ル但シ冬日ニ在テハ大氣中ノ水分少キヲ以テ塗料ノ乾燥速カナラズ故ニ蒸氣ヲ噴射シ其乾燥ヲ助クベシ

此塗料ハ通常ノ生漆ニ異リ之ヲ鐵製及ビ銅製ノ艦体橋梁其他全質製ノ機械器具等ニ施ストキハ善ク密着シ其乾燥シタル后ハ堅硬ニシテ鐵及ビ鋼ト彈性ヲ一ニシ龜裂剝脫ノ憂ナシ故ニ大ニ防鏽ノ効アリ殊ニ艦体ノ如キハ常ニ海水中ニ在ルヲ以テ電氣ヲ發生シ爲ニ其鏽蝕ヲ來スコト速カニシテ在來ノ防鏽劑ヲ用フルトキハ僅六ケ月ヲ保タズト雖モ此塗料ヲ施ストキハ少クモ三年間ハ艦体ニ鏽ヲ生ズルコトナシ加之介藻ヲモ附着セズ常ニ光澤ヲ保有ス

此發明ノ專賣特許ヲ請求スル區域ハ上文ニ記載セル第一號乃至第四號塗料及ビ其塗法是ナリ

-2-

日本特許第一号
画像：日本化工塗料株式会社

特許制度の本格化に際して政府は、農商務省だけで特許制度を取りまとめるのではなく、分業体制を整えます。具体的には、技術の認定や普及に際し、諸外国の先進技術を視野におく部門と、日本の在来技術を視野におく部門との分業体制が築かれることになりました。

1887（明治20）年、農商務省外局（内部部局ではないものの農商務省に直属する部局として任務を所管する機関）として特許局が設置されます。欧米諸国のマーケットを視野に入れた革新的な発明については、特許局がその判断を担当します。一方、各府県庁には勧業課が置かれ、府県内の各地に工業試験所や商品陳列所が設置されました。すなわち、在来技術や村落を視野におく部門は各府県に委ねたのです。[20]

技術の認定と普及の体制が整備されたなか、

1888（明治21）年には特許条例・商標条例・意匠条例が制定されました。つづく1899（明治32）年に特許法・意匠法・商標法が制定されます。これら三法の制定は同年7月に「工業所有権の保護に関するパリ条約（Paris Convention for the Protection of Industrial Property）」への日本の加入が発効することをふまえたものでした。

ここに、日本の特許制度は欧米諸国と肩を並べることになります。福沢諭吉や神田孝平が「パテント」を紹介してから、30年近くの歳月が流れてのことです。

リスクと権利は誰の手に

特許を認定して特許料が支払われるようになれば、発明者は報酬を手にできます。ただし、それは新技術を開発できてからの話です。この点でひとつの壁が立ちはだかります。発明は、将来本当に役立つのか確証できないことに努力を傾けない限り成果が現れないということです。つまり発明は、リスクが高いと言えます。

しかし、もし誰かが発明者に固定給を支払うことが可能であれば、依頼人（支払者）が代理人（発明者）のリスクを代わりに引き受けることができます。

もちろん、例えば政府が発明家のリスクを負担してインセンティブとして生活費を与えようなどということは、明治政府であろうが現代の政府であろうが無理な話です。政府が研究者に審査を経て補助金を与えるということは現代ではよく見られる話ですが、名もなき発明家たちのために税金を投じて生活を支えるわけにはいきません。

ここでクローズアップされるのは、企業における職務発明です。従業員として勤務する開発者であれば、給与所得は支払われることになります。そうした給与所得を手にできるのであれば、発明のための研究開発に勤しむインセンティブが与えられます。つまりここでは企業の経営者が代理人（発明人）のリスクを負担することになります。そのおかげで、発明に関する発明家のリスクが軽減されるわけです。

さて、運良く発明が成功したとしましょう。次に問題となるのは、特許権という排他的な権利を企業に帰属させるか、それとも発明者本人に帰属させるかという点です。開発者が個人で起業し、社員も一人しかいないなら、特許権を企業に帰属させようが発明者本人に帰属させようが、変わりはありません。

しかし従業員の人数が増えて開発そのものを部局内で分担して行うとなると、部局内の発明に対して、発明した個人の努力の成果とみなすのか、それとも会社の事業として発明に漕ぎつけたとみなすのか、判断が難しくなります。もしも特許権が個人のものとなればその個人は、別の企業に移ったり起業したとしても発明を利用できます。その一方で会社はその発明を無料では利用できなくなります。会社が特許権を持つと、個人がそうした権利を行使できなくなりますが、会社は発明を自由に利用できます。

この点は、どう考えるべきなのでしょうか。

1909(明治42)年の改正特許法では、職務発明の特許権は使用者つまり経営者に帰属するものと定められました(使用者主義)。しかし、やがて企業における技能形成や技術開発の枠組みが整いはじめ[21]、企業内部で調整がしやすくなっていき、1921(大正10)年の改正では発明者に帰属するものに変更されました(発明者主義)。

その後も何度も制度変更が続き、2015(平成27)年改正特許法では、法人帰属とする一方で従業者帰属となる選択肢も残すなど、裁量の余地がある仕組みとなっています。

かつて特許制度がない時代では、限られた才人が、高いモチベーションを持続させることで発明がなされました。しかし明治・大正時代の特許制度の整備をきっかけとして、誰もにおしなべて、とりわけ高等教育を受けた人々に発明のインセンティブが与えられるようになったのです。

本章のまとめ

本章で取り上げたインセンティブの核心は、引き出したいモチベーションを引き出せるようなデザインができているかどうかにあります。非対称情報、コミットメント形成、あるいは評価能力の問題など、条件がそろわなければモチベーションを引き出すことはできないのです。

与えたノルマをこなす人がいるというのは、何らかの条件や工夫があってはじめて実現しています。相手にきちんと仕事をしてもらうためには、精神論に終わらない工夫を通じて、相手をその気にさせる必要があるのです。

家族や親しい仲でもない限り、そういったインセンティブ上の工夫もなく、相手のやる気が萎えることは、経済学的には自然な成り行きなのです。

第3章
株式会社の経済学

introduction

財閥と系列から学ぶ株式会社の特徴

プロのスポーツ・チームは、オーナーのもと、チームの監督・コーチ陣と選手が一丸となってシーズンに臨みます。負け試合続きで集客数や関連グッズの売り上げが伸びなければ、オーナーは監督を解任するかもしれません。場合によってはチームを買い取る新たなオーナーが現れることさえあります。

株式会社は、株主というオーナーのもと、経営者が監督・コーチ役として従業員と一丸となってプロジェクトに着手します。プロジェクトが失敗続きで業績が芳しくなければ、株主が経営者を解任するかもしれません。場合によっては会社を買収する新たな株主が現れることさえあります。

株式会社は、株式（株券）の発行と引き換えに不特定多数の投資家に資金を提供させる会社組織です。株式の所有者を株主と言います。株式は株主としての権利（配当請求権、株主総会の議決権および議題提案権など）を保証する証券です。株主総会では、取締役会メンバーの選出・解任・任命、利益金処分、あるいは施設拡張の是非など、会社経営に関する重要な案件が議論されます。

日本では、１８９９（明治32）年の商法制定、さらに１９１１（明治44）年の商法改正をきっかけとして株式会社制度が本格スタートしました。株式会社制度の歴史は、財閥がメインプレイヤーとなる大正・昭和初期、そして戦後改革を経て系列がメインプレイヤーとなる高度成長期へと続きます。

財閥は、株主としての権利に基づいて利潤最大化に尽力した株主の好例です。これに対して系列は、株主としての権利が封じ込まれるかたちで経営者が利潤最大化を達成するための仕組みを特徴としています。

本章では、第1節で株式会社を分析する経済学的な枠組みについて、第2節では大正・昭和初期（１９１０－30年代）の財閥について、そして第3節では高度成長期（１９６０年代）の系列について説明します。

株主と経営者のインセンティブ関係
――所有と経営の分離

株式会社は、分業のメリットを活かした会社組織です。出資者たる株主が出資し、経営者が会社をコントロールします。そして株主と経営者との間で権限をどのように配分すれば会社の利益を最大化できるのか、というコーポレート・ガバナンスの問題が、「株式会社の経済学」の最大の関心事です。そのことについてまず理解しましょう。

株主は経営者に経営を委ねる

図表3－1[1]は、1933（昭和8）年時点における日本の株式会社160社を対象とした、株主総会への出席および委任状提出に関する調査結果から作成したものです。この調査結果は、1930年代、まさに昭和初期の時点で、すでに日本の株式会社において所有とコントロールの分離（所有と経営の分離）が成立していたことを物語る資料として注目されてきました。

（図表3-1）株主総会出席株主数および委任状提出株主数と持株比率（全160社平均）

1933（昭和8）年時点160社が対象企業。株主を「全株主」、「株主総会出席株主」、および「委任状提出株主」という３つのカテゴリーに分類している。「１社平均人数（A）」の欄には３つのカテゴリーそれぞれの株主の人数を示す。「（A）の『全株主』に占める割合」は、１社平均全株主人数（5073.1人）に対する各カテゴリーの株主の割合を示す。「（A）の持株比率」は各カテゴリーの株主が所有する株式の全株式に対する割合、すなわち持株比率を示す。

	１社平均人数（A）	（A）の「全株主」に占める割合（%）	（A）の持株比率（%）
全株主	5073.1	100.0	100.0
株主総会出席株主	69.7	1.4	7.4
委任状提出株主	2013.3	39.7	55.1

出所：増地（1936）

さて、図表３－１の各項目の数値を確認してみましょう。株主総会に出席していた株主は１社平均で69・７名、これは会社全体の株主の１・４％程度の割合であり、その持株比率は７・４％です。株主総会は１株１票で議決しますので、持株比率は議決への影響力を表します。株主総会に出席していた株主は、全株主の１・４％の人数、そして持株比率は７・４％にとどまっています。これに対し、経営者に委任状を提出した株主数は全体の39・７％、そしてそれらの持株比率は55・１％と過半数を超えています。

したがってすでに当時、概して会社経営者が議決権を掌握していたことになります。株主は経営者に実際の経営を委ねていることになります。

このように、株式会社の所有者である株主が経営の実際を経営者に委ねている状態を所有とコントロールの分離（所有と経営の分離）と言います[2]。

株主が経営者に経営を委ねるという構図は、１９１８（大正7）年刊行の投資家向けハンドブックでも説明されています。

「……会社事業は、会社の株主が実際に経営するものでなく、すべて取締役と云うものに委任して居るのであるから、其の取締役たる、即ち株主等の代理者たるものの性質手腕については大いに注意せねばならぬ[3]」

引用文に「委任」あるいは「代理者」という言葉があります。所有とコントロールの分離からは、株主（依頼人）と経営者（代理人）との間に**インセンティブ**関係を見出すことができます（第2章参照）。そしてインセンティブ関係として捉えるとなれば、株主は経営者の**モチベーション**を刺激するためになんらかの工夫を施さなくてはならないことになります。

コーポレート・ガバナンスとは何か

一方で、所有とコントロールの分離を分業関係として捉える見方もあります。この見方は、資金がある人とプロジェクトのアイデアがある人との役割分担を軸として株式会社を捉えるものです。

ここで役割分担と言うとき、さらに会社のコントロールもプロジェクトの局面ごとに4つの段階に分けることができます。すなわち、プロジェクトを（1）発案し、（2）承認を経て、（3）遂行し、さらに（4）遂行内容を監視する、という4段階です。それぞれの段階についても、さらに役割分担が可能です。会社は、こうした役割分担を頂点としたチーム組織として行われます。[4]

もしチーム組織がうまく行かないと業績不振が続きかねません。そうなれば、役割分担はメンバーチェンジを余儀なくされます。

所有の側の交代劇がM&A（Merger and Acquisition）、つまり合併（複数の会社が1つの会社を存続させる代わり、他の会社を吸収）・買収（圧倒的な議決数を確保できるだけの株式を取得）です。そしてM&Aによる交代劇を促すのが株式市場というマーケットです。

コントロールの側の交代劇が、経営者の解任です。その交代劇は、ひとつには会社内部からの昇進メカニズムが促すことでしょう。と同時に、社外取締役など外部から抜擢するのであればそういった人材を調達できる経営者市場というマーケットのあり方もコントロールの側の交代劇を支えることになります。

このように、所有とコントロールの分離、さらにコントロールの４つの段階ごとの役割分担などをどのように編成すれば会社の業績につながるのかは、重要な問題です。業績不振が続けば、メンバーチェンジを余儀なくされるわけです。

どのような役割分担を実施すれば、株式会社が利潤追求の機会を最大限に活かせるのか。これを**コーポレート・ガバナンス**（企業統治もしくは会社統治）と呼びます。そして株式会社をめぐる経済学の関心事は、このコーポレート・ガバナンスという権限配分の問題に集約されてくるのです。[5]

株主か経営者、どちらが残余請求者となるのか？

コーポレート・ガバナンスの問題を株主と経営者の役割分担という視点で捉えると、株主と経営者のどちらが利潤追求の主導役になるのか、という問題に置き換えられます。

そこで**残余請求者**という言葉について説明しておきます。大雑把に言えば、会社の利益金を山分けする際に、「じゃ、残りは私が頂きます」と言える立場のことを残余請求者と呼びます。この点を株主と経営者の「山分け」に関する約束事、つまりは契約の問題として詳しく考えてみることにしましょう。

株主と経営者が契約を交わす際に、将来について確信できないことについて、契約文面に書き込もうと思ってもどうなるか不分明なので書きようのないことがあります。例えば、プロジェクトがどのような経緯で成功するのかわからない段階では、互いの役割分担として利益金を山分けしようにもどちらの成果を多めにすべきかなど、契約時点では合意しかねることもあります。

ここで、ひとつの着地点として、契約の文面では一方の取り分を定めておき、その取り分を支払った余りの部分、つまり残余所得をもう一方の取り分とする、という解決策があります。残余所得を請求できる側が残余請求者です。

残余請求者は、相手に約束通り支払った上でその残りの分をすべて獲得できます。ということは、残余請求者には残余所得を最大化するインセンティブ、つまり利潤最大化を目指すインセンティブが与えられるのです。

例えば株主が残余請求者となる場合を考えてみましょう。このとき、株主のなかで誰が経営者にインセンティブを与える工夫を施すのかが問題となります。株主の誰かがコストをかけて経営者の努力を引き出すとします。そうなると他の株主はコスト負担なしで成果に便乗できます。このような**フリーライド**（便乗）を嫌がると、どの株主もコストをかけて経営者の努力を引き出そうとは思わなくなります。したがって、コストを回収してもなお他の株主より取り分を得られるような、圧倒的な持株比率を持つ大株主が残余所得の最大化を目指すことになります。こうした株主としては、例えば家族経営として家族一同が株式を保有しているケースなどが該当しますし、同時に、M&Aを通じて相手企業を手中に収めた企業も該当します。このうち後者については、創業者でない投資家であっても、買収を通じて自らが残余請求者として利潤追求についての発言力を行使できることになります。[6] 本章の次の節「財閥の誕生」で紹介する財閥はその好例です。

ただし、経営者の努力の成果が株主に奪われることが予想される状況では、経営者のモチベーションが低下しかねません。報酬については暗黙の了解とされると言っても、反故にされる可能性もあります。つまり株主が「**日和見な行動**」をとる場合が懸念されます（第2章「律令制が衰退した原因はどこにあるのか」参照）。

経営者が株主の「日和見な行動」に翻弄されないようにするためには工夫が必要です。[7] この解決策として、いっそのこと経営者が残余請求者となるというシンプルな選択肢もあります。本章第3節「財閥の解体と系列の誕生」で紹介する系列のビジネス慣行はその好例です。

財閥の誕生
——同族株主による事業拡大

財閥は、M&Aを重ねながら会社の事業規模を拡大していった同族企業を軸としています。一族が株主として会社経営に関わりつつ、一族の事業を拡大する工夫を施していたのです。本節では、株主が残余請求者として利潤最大化行動をとっていた仕組みとして、日本のかつての財閥について解説します。

財閥という言葉が指すもの

財閥という言葉は、1890年代後半にジャーナリストが新聞雑誌上で用い始めた用語です。山梨県の若尾逸平や根津嘉一郎が「甲州財閥」と呼ばれたのがきっかけです。ちなみに「甲州財閥」という場合は、山梨一帯で有名な資産家・事業家、というほどの意味です。[8]

やがて財閥という言葉は、知名度の高い富裕層を指すようになります。そして、四大財閥（三井・三菱・住友・安田）や阪神財閥（野村・山口・川崎）のほか、新興財閥（日産・日窒・理研・森）、さらには地方財閥という言葉が登場しました。

財閥と称された資産家・事業家たちは、もちろんそれぞれに異なる特徴があります。各々が拠点としている地域も違えば、産業分野も異なります。ただし、一族が事業を多角化するなど、具体的な手法にフォーカスしてみると、いくつかの共通点も見出せます。そのため、経済史・経営史分野では、財閥とは何か、と問いかけることが便宜的であったのです。つまり、一方で財閥という型にはめつつ、さらに一方で型にはまらない特色を見出しつつ、何らかの企業を分析することができたのです。

本節では、財閥を「同族持株会社が残余請求者として所有していた企業の総体」という意味で用います。少しくだけた表現にすれば、「絆の深い家族が複数の企業を持っていた」ということです。一族が社員となる会社組織が作られ、この会社がM＆Aを通じて様々な株式会社を買収していったのです。

日本の財閥の典型とされた三井と三菱を例に、財閥について見ていくことにします。

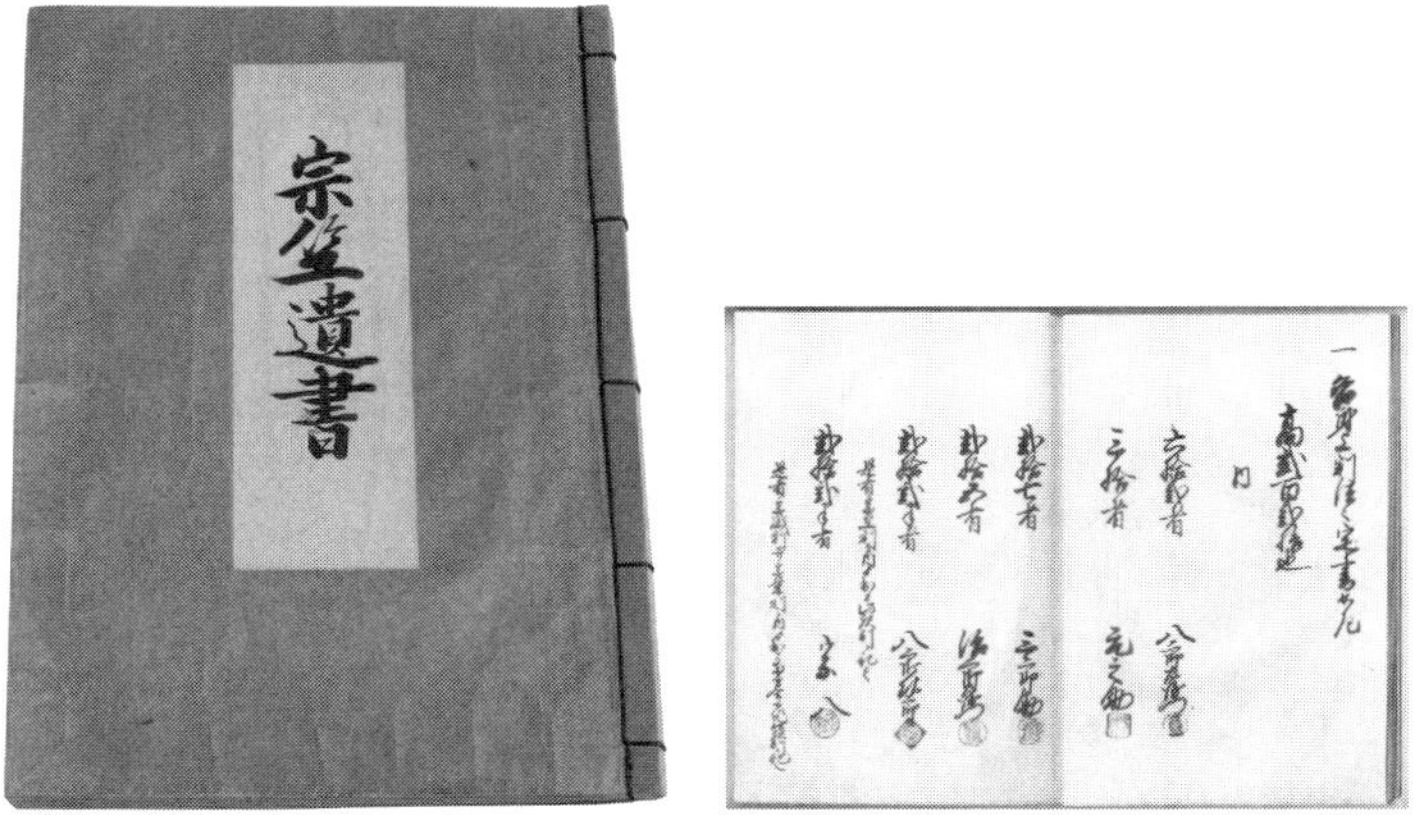

宗竺遺書
画像:公益財団法人三井文庫所蔵

「宗竺遺書」と三井合名

まず三井について紹介しましょう。徳川時代における三井家が源流です。[9]

創業者は三井高利です。その長男は高平、正確には三井八郎右衛門高平と言います。高利も高平も、遺書として一族にビジネス指南書を遺しました。そのうち1722（享保7）年に高平の遺したものが「宗竺《そうちく》遺書」です。

「宗竺遺書」には、三井十一家（高利の実男子の家系である本家6軒および高利・高平の養子の家系である連家5軒）が遵守すべき事項55箇条が明記されています。本章で財閥を語る際にしばしば一族もしくは同族という言葉を使いますが、三井に関しては三井十一家がこれに該当します。

高利も高平も、分割相続による事業・財産の縮小化を避けようとしました。この意向を果たすために、三井家の事業は共同経営とし、財産も三井十一家で共有させたのです。

財産管理のために設置されたのが大元方《おおもとかた》です。初代高利の子孫「三井同苗《どうみょう》」と主要な奉公人たちが大元方を運営しました。

大元方は各営業店舗に出資・貸付をし、各店舗は貸付金利とともに毎年所定の額を大元方に支払います。大元方はこれを一部積み立て、各家に対して生活費として賄料《まかないりょう》を支給しました。

各営業店舗は利益金から納付金を差し引いた分をストックしておき、3年ごとに蓄えた残高の9割を「別途納付金」という名目で大元方に納付します。残りの1割は各営業店舗の従業員に支給されます。

3年おき、としたことはひとつの知恵です。ある年次で突発的な要因によってビジネスがうまく行かないこともあります。3年おきとすれば、そうした不調がならされて、乱高下が緩和されやすくなるのです。すなわち、大元方はリスクを緩和しながら各店舗の従業員に金銭的**インセンティブ**を与えていたのです。

三井家がビジネスを展開するなか、日本経済は明治維新とともに新しい局面に突入します。これによって三井家も、「宗竺遺書」に定められた経営方針を見直さなくてはなりませんでした。

1900（明治33）年、三井家憲が制定されます。「三井家憲」は、1898（明治31）年制定の民法、および1899（明治32）年制定の商法と齟齬が生じないように「宗竺遺書」を書き直したものでした。

とりわけ問題となったのは一族による財産の共有です。商法制定を大きな転機として所有権・財産権制度が確立するなかで、家族で一族の財産を共有するという形態をとることができなくなったのです。そのため、「宗竺遺書」を掲げてビジネスを展開するわけにはいかなくなります。少なくとも商法にそぐわない文面は改めるか削除するかを迫られたのです。

三井家憲の第百五条で、三井家憲で明文化されていない案件については「宗竺遺書」や三井家の旧来の慣行に従うものと定められました（「此家憲法ニ明文ナキ場合ニ於テハ、宗竺遺書其他従来三井家ニ行ハレタル旧規慣例ニ依ルヘシ」）。三井の一族は、文言を残さない代わりに、「宗竺遺書」の方針は貫こうとしたのです。

ただし財産の共有についてはできるだけ早めに解決すべき問題でした。そこで1909（明治42）年、三井の一族は三井合名を設立します。

合名会社というのは、社員について無限責任と定められた会社組織です。無限責任とは、会社倒産の際に負債が完済するまで自らの出資額にかかわりなく返済の義務を負うことを指します。

三井十一家は、三井合名という合名会社の無限責任社員となることで、一族全体で会社の負債について責任を持つかたちをとることにしたのです。そして三井合名が、株式会社の株式を所有するかたちで、各々の事業を一族で共有するという方針を貫きました。

三井家の氏神である京都・下鴨の顕名《あきな》霊社では、第二次大戦前まで、三井家憲を朗読する「家憲朗読式」が毎年恒例の行事として開催されていました。三井の一族は、高利そして高平から引き継がれた家訓を明治・大正、そして昭和になっても受け継いでいたのです。

合資会社の三菱

幕末・維新期に台頭した岩崎家は、事業を同族で管理するため合資会社として持株会社を創設します[10]。

三菱の創業者は岩崎弥太郎です。岩崎は土佐藩の首脳が設置した海運業者、九十九《つくも》商会の経営監督を経て徐々にビジネスの才覚を発揮します。九十九商会は、三川《みつかわ》商会に改

岩崎弥太郎（1835-1885）。
画像：国立国会図書館ウェブサイト

称したのを経て、1873（明治6）年に三菱商会へ社名変更します。三菱は海運業を中心に高島炭鉱、吉岡銅山、三菱製鉄所、さらには樟脳（楠を原料とする薬用成分）・製糸・採炭などの旧土佐藩の事業など多角経営を進めます。1885（明治18）年、岩崎弥太郎の病死に伴い、三菱商会は共同運輸会社と合併し、日本郵船として再スタートします。三菱商会から引き継いで日本郵船が岩崎家のビジネスの核となったのです。

岩崎弥之助（弥太郎の弟）と久弥（弥太郎の長男）は、岩崎家の多角化した事業を統括するために家制改革に着手しました。二人は1893（明治26）年に三菱合資会社を設立します。三菱は一族の事業を統括する会社の組織として、合資会社形態を採用しました。各々の事業を展開する株式会社の株式を三菱合資が所有するようにしたのです。

合資会社は、**有限責任**社員および無限責任社員が併存する会社組織です。有限責任であれば、会社が倒産した際に負債を返済するとしても出資額以上の返済義務はありません。この点で、合名会社より合資会社の方が、一族ではない出資者を社員として招きやすいのです。

各々の株式会社を所有するために三菱が合資会社を採用したことは、徳川時代から一族が共同事業を展開していた三井が合名会社を採用することと実に対照的です。ただし、三井合名にせよ三菱合資にせよ、一族の株式会社の株式を所有する会社、つまり持株会社となっていたのは共通しています。

三菱合資の設立に関して、三菱銀行の「社史」は次のように説明しています。

「商法の実施に伴い従来の諸企業の多くはその規定に則って合名、合資、株式の何かの会社組織を選んだが、三菱社がその内特に合資会社を選んだのは、要するに企業に法人たる性格を与え利益、財産、責任の帰属を個人と区別し、然も事業の所有と経営を一致させて飽く迄個人事業たる特色を保つ為には、合資会社組織が最適であると考えた結果であろう[11]」

引用文中に「所有と経営を一致させて」という文言があります。もし三菱を合資会社ではなく株式会社としてしまうと株式が転売できるので、岩崎家に関わりのない株主が介入する余地を与えます。そうした余地を与えたくなかったため、株式会社組織は採用されなかったのです。

三菱合資会社は、社長がトップとなって投資の決裁や部長人事の権限を掌握するとともに、鉱業部・銀行部・造船部・庶務部および地所課の各部門・課を置いていました。

やがて、三菱は合資会社形態をとった方針を転換します。1917（大正6）年、三菱合資は各事業部を株式会社化して独立させ、これらの持株会社となります。きっかけは1913（大正2）年の税制改正です。それまで法人税率は一律（2・5％）でしたが、合資会社は4・0～13・0％の累進税、株式会社は6・25％の一定税率へと変更されたのです。

もっとも、業績が良好な三菱にとっては、各事業部を株式会社化して独立する方が節税できました。こうして事業を独立させることで、三菱では各々の事業部が抱える負債やリスクを合資会社全体で管理・負担する必要がなくなったのです。

M＆AでグループのB2B活性化を狙う

三井も三菱もM＆Aを繰り返し会社の事業規模を拡大させていったのですが、財閥の

M&Aのターゲットとなったのは、既存の財閥内のプロジェクトに関連した企業です[12]。例えば、1926（大正15）年、三井は高砂生命を買収して生命保険業に新規参入します。そして、財閥傘下の生保会社となることで、他の傘下会社の従業員をターゲットとして保険商品を販売できる点で大きなメリットを享受できました[13]。このように、企業間取引、いわばB2B（business to business）が同族会社の傘下で充実するように次々とM&Aをしかけるというのが、多くの財閥に共通する戦略でした。

そして財閥内のB2Bを斡旋したのが商事会社（商社）です。財閥傘下の商事会社は、同じ財閥傘下におけるB2Bの斡旋を繰り返すことで様々な企業情報を蓄積できます。そして財閥傘下の株式会社が他の傘下会社と取引を企画した場合は、商事会社から取引の手順や共同プロジェクトの運営などについて、情報やアドバイスを引き出すことができました。このようにして、商社を軸として財閥内で持ちつ持たれつのB2Bが繰り返されたのです[14]。そして持株会社も、個々の傘下会社を個別に監視していたというよりも、財閥全体として事業が成功するかどうかを重視してB2Bをコーディネートしていたのです[15]。

図表3-2は、財閥傘下の株式会社の払込資本金の割合が、日本の株式会社の払込資

(図表3-2)財閥のシェア(払込資本金ベース)

1950(昭和25)年時点日本内地4財閥(三井・三菱・住友・安田)および10財閥(4財閥・鮎川・浅野・古河・大倉・中島・野村)について、傘下会社の払込資本金が全国(日本内地)の株式会社の払込資本金に占める割合を産業別に表示。産業は4財閥のシェアが高い順にソートしてある。

	4財閥シェア(%)	10財閥シェア(%)
信託	85.4	85.4
海運	60.8	61.4
保険	51.2	60.3
銀行	48.0	50.4
機械器具	46.2	67.9
化学	31.4	38.5
窯業	28.4	55.8
鉱礦業	28.3	50.5
金属工業	26.4	41.8
土地建物	22.7	29.4
繊維	17.4	18.8
商事・貿易	13.6	20.3
陸運	4.9	5.6
製紙	4.5	4.7
農林・水産・食品	2.7	10.4
電力・ガス	0.5	0.5
他含む全会社	24.5	35.2

持株会社整理委員会編『日本財閥とその解体　資料』より筆者作成

本金総額でどの程度の割合に達するのか、産業別に整理したものです。資本金というと公称資本金（株主が出資することになっている額）と払込資本金（実際に株主が出資した額）とがあります。ここでは払込資本金を用いていますので、4財閥（三井・三菱・住友・安田）、および10財閥（4財閥・鮎川・浅野・古河・大倉・中島・野村）の同族会社がどの程度実際に出資したのか、その額が日本全国で実際に出資された額のどの程度の割合かが産業分野ごとに示されています。

財閥は、すでに傘下に取り込んでいた会社の関連分野あるいは同一産業分野の株式会社をターゲットにしてM&Aを展開していました。そのため、財閥が当初からビジネスを展開していた産業分野内では、M&Aを通じて会社規模が膨らみ、この大きな会社を同族会社が所有するという状況が成立します。金融（信託・保険・銀行）や海運はまさに4財閥が明治期から進出していた産業分野であり、これらの分野で同族会社による会社の所有が相当程度の割合に達していたことが図表3－2からわかります。一方で、電力・ガスのようにほとんど出資していない分野もあります。つまり、財閥が日本の株式会社をあらゆる産業について所有していたという捉え方はできません。

当時、同族会社は日本有数の株主だったと言えますが、それはあくまで一定分野を集中的に所有するというかたちでだったのです。

同族持株会社と経営者

産業化が進展するにつれ、会社経営には高度な専門性が求められるようになります。この点で財閥はアドバンテージを得ていました。政治家とのコネクションや学閥を通じて、経営者としての将来が有望な人材を紹介してもらうことができたからです。[16]

こうした有能な経営者に対して、同族持株会社がどのように接していたのかを整理しておきます。

多くの場合、経営者がプロジェクトの発案・遂行を担う一方で、財閥の同族持株会社はプロジェクトの承認役・監視役に徹していました。1978（昭和53）年、三井八郎右衛門高公（第11代）は、安岡重明同志社大学教授（当時）との対談で次のように述懐しています。

「安岡　日本の経営というのは、下から稟議を持ち上がってきてだいたいトップがよしと許可を与えるというシステムで、外国では上が決めて、下にやらせるということをよく申しますが、やはり、三井さんの場合でも、大体下で計画したことを社長さんに……

高公　大体、関係会社の社長連中とそれから合名会社の理事あるいは理事長と談合しまして、それから今度は合名会社の執行社員会議にそれをかけるわけです。そして、OKとなってはじめて、それが逆に下に降りてくるわけです。

安岡　その執行社員会議で、大幅な修正とかチェックとかは……

高公　修正ということはほとんどないようでしたよ、当時、執行社員は私の父（高棟）・元之助・源右衛門の三人でした[17]」

この対談から、三井合名と傘下会社経営者との協議で発案されたプロジェクトに対し、三井合名が承認を取るプロセスが設定されていたことがわかります。第1節で言及した。「プロジェクトを（1）発案し、（2）承認を経て、（3）遂行し、さらに（4）遂行内容を監視する、という4段階」のうち、（1）と（3）を経営者が担当、（2）を同族持株会社が担当していたことになります。

なお、引用文中には「修正ということはほとんどない」とありますが、全くなかったわけではありません。東京海上火災の経営者が発案したプロジェクトに対して、三井物産の派遣した社外取締役を介して、三井物産および三井合名が圧力をかけた事例があります。[18]

プロジェクトの「発案」と「遂行」は経営者が担当するとしても、「承認」の段階では同族持株会社の役割が重要だったのです。そしておそらくは「監視」においても同族持株会社の役割が大きかったものと思われます。例えば三井では勤続日数を通じて経営者の努力水準を評価するという仕組みが報酬契約に盛り込まれていました。[19]プロジェクトの成果そのものよりも、経営者の日頃の努力水準を監視して評価しようという同族持株会社の意図が窺えます。

このように財閥は、所有とコントロールという役割分担において、同族持株会社が所有を引き受け、傘下企業の経営者がコントロールを担当していました。ただし、同族持株会社は、プロジェクトの「承認」や「監視」の段階で経営に介入してもいました。

また、関連企業を買収しながら、財閥内のB２Bをより活性化するかたちで、同族持株会社は事業の成果を高めることに成功したのです。

財閥の解体と系列の誕生
——昭和の日本的経営の正体

前節では、株主が残余請求者として利潤最大化行動をとっていた形態として財閥について解説しました。続く本節では、経営者が残余請求者として利潤最大化行動をとっていた形態として、系列について見ていくことにします。あわせて、財閥がどのように解体され、系列へと変化していったかも確認します。

系列とは何か?

海外でも〝Keiretsu〟という英単語が用いられることから、本章でも系列という言葉を用います。企業集団、企業グループと称されることも少なくありません。典型例を総称するために六大企業集団（三井・三菱・住友・芙蓉・第一勧銀・三和）と呼ばれることもあります。

あえて系列という言葉の意味を定義しておくと、「都市銀行や商社の代表取締役をはじめ、社長会と呼ばれる会合に出席していた経営者の経営する企業の集団」となります。少しくだけた表現を使えば、「定期的に食事会するほど仲の良い経営者どうしの企業の集まり」です。

もちろん、ただ仲の良い企業集団というわけではありません。かつての財閥内で培われたB2Bが、第二次大戦後に解体されながらも系列というかたちでアップグレードしたという点が大きな特色です。

系列とは、財閥内のB2Bが持続するかたちでグループ化したものです。敵対的M&Aに対する防衛策として株式を持ち合うなど株式市場の影響力をシャットアウトする一方で、経営が落ち込んだ場合は、大株主、なかでも銀行が経営再建に着手するといった仕組みができあがります。

系列の最盛期とされるのが、1960年代から70年代であり、まさに日本経済が高度成長を実現していた頃と合致します。

財閥の解体

まず、財閥解体から系列が形成されるまでのプロセスを概観しておきます[20]。

財閥のあり方については、1930年代から財閥内部でも問題視されていました。というのも、財閥内のプロジェクトが成功すればするほど、財閥は社会主義者あるいは共産主義者を中心に、成功した資本家・富裕層の代表格として、非難・批判のターゲットとなっていたのです。そして大正デモクラシーといった思潮が広まるなか、１９２０年代から１９３０年頃までの慢性的金融不安のもとで、こうした声は強まります。

そして１９３２（昭和７）年、三井合名理事長の団琢磨《だんたくま》が殺害されました。この事件を受け、後任の池田成彬は、三井合名の所有する持株を一部公開したり、三井物産の筆頭常務・安川雄之助を退任させるなど、三井のイメージ転向を図ります。そして他の財閥の同族持株会社も、一部株式の公開を進めるなど、これに同調したのです。

第二次大戦の終結後、さらに財閥の解体は進みます。ＧＨＱが経済民主化を政策目標に掲げたのです。財閥の同族持株会社が、株式を集中的に所有していたことや、財閥傘下企業が各種産業で高いシェアを誇っていたことを問題視していました。なによりアメリカ政府は財閥を、日本の軍事行動を産業面でサポートした存在として位置づけていました。このため財閥の解体を迫ったのです。

これに伴い１９４６（昭和21）年４月、持株会社整理委員会令が施行され、解体すべき持株会社83社と指定者（出資者）56名が指定されました。そして同族持株会社あるいは財閥同族らが所有していた株式が買い上げられ、株式市場に放出されたのです。同族持株会社という、かつての財閥のコーディネーターはこうして消されたのです。そして１９４７（昭和22）年には、財閥解体の一環として、いわゆる独占禁止法、および過度経済力集中排除法が制定・公布されました。

系列の誕生

このように、同族持株会社を中心とした財閥は解体されていきました。しかし、旧財閥傘下会社の経営者はその後も、グループ内のB２Bのメリットを活かした長期的な関係を持続できないかと模索します。そして１９５１（昭和26）年のサンフランシスコ講和条約を転機として、旧財閥傘下会社が再びグループ化に乗り出します。

例えば、旧住友で白水会、旧三菱で三菱金曜会、そして旧三井で二木会《にもくかい》が結成されました。これらのグループは、銀行（住友銀行・三菱銀行・三井銀行）や商社（住友商事・三菱商事・三井物産）が中心となり、定期的に社長会と呼ばれる会合を開きました。ほどなく、芙蓉（富士銀行・丸紅）、三和（三和銀行・日商岩井）、一勧（第一勧業銀行・伊藤忠商事・日商岩井・川鉄商事）といったグループも形成され、これらがいわゆる六大系列あるいは六大企業集団と呼ばれるようになりました。

こうしたグループ化が進んだことには理由があります。1964（昭和39）年、日本企業にとって2つの大きな試練が到来したのです。

ひとつは、日本が国際通貨基金（IMF）14条国から8条国に移行したことです。これにより民間での外国との資本取引について為替制限がなくなり、外国人投資家が日本の株式市場で自由に取引できるようになったのです。外国人投資家によるM&A圧力、これが日本企業の経営者にとって深刻な脅威となります。

もうひとつは、さらに同年、日本がOECDに加盟したことです。これにより貿易が自由化され、外国企業との貿易面での競争に晒されるようになったのです。

1960年代、日本は重化学工業の進展が著しい局面にあって、プロジェクトに際して長期的なビジョンが求められるようになっていました。しかし、一時的な業績の落ち込みがきっかけでM&Aのターゲットにされる可能性があるならば、長期的ビジョンに立つ経営者はモチベーションを保ち続けにくくなります。

このため、M&Aの圧力をシャットアウトし、経営者を長期のプロジェクトにコミットさせる条件が求められ、その点で経営者が頼りにしたのが、長期的にB2Bを行える、仲間となる企業だったのです。

(図表3-3)系列における株式持ち合い

1960・1965・1970年の3つの年次における6系列（三井・三菱・住友・芙蓉・三和・一勧）について、株式持ち合い率の推移を示す。株式持ち合い率とは、「メンバー各社の同一系列メンバー会社に所有されている株式数の合計の発行済株式総数に占める比率」を合計したもの。

	1960年(%)	1965年(%)	1970年(%)
三井	—	14.3	21.3
三菱	20.8	23.7	26.8
住友	29.2	28.0	28.9
芙蓉	—	11.4	16.0
三和	—	—	12.5
一勧	—	21.9	24.5

出所：奥村(1984)より作成

「株式持ち合い」とブランド復活

系列のメンバー会社はグループ内で互いに株式を持ち合います。これがいわゆる、「株式持ち合い」です。

株式持ち合いのメリットは、資本面で長期的な関係が約束され、安心して長期的にB2Bを実施できるようになることです。そして何より、持ち合いを通じて互いに敵対的M&Aの圧力から逃れることができます。

もっとも、銀行は銀行法における5%ルール（持株比率5%以上の株式保有の禁止）があるため、1社につきその制限内でしか株式を所有できません。

こうした規制の範囲内で、企業どうしで株式の持ち合いを進めていったのです。

図表3－3[21]は各系列について株式持ち合い状況を示したものです。1960年代後半以降、各系列とも株式

持ち合いを増やしています。
図表3－3には三井・三菱・住友以外にも、芙蓉（富士銀行・丸紅）、三和（三和銀行・日商岩井）、一勧（第一勧業銀行・伊藤忠商事・日商岩井・川鉄商事）といったグループの名が見られます。いずれも三井・三菱・住友にならってグループ化したものです。

これら六大企業集団、系列は株式持ち合いでも団結していたのです。

また、旧財閥傘下会社が系列のメンバーとして参加した際に求めたのは、ビジネスマッチングの機会だけではなく、旧財閥が築き上げたブランドの復活にありました。
1949（昭和24）年、GHQは「財閥商号・商標の使用禁止令」を発令します。いずれの財閥にとっても、商標の喪失は大きな打撃です。そこで数々の陳情がなされ、1952（昭和27）年のサンフランシスコ講和条約発効に伴い、同命令が撤廃されました。これに伴い1952（昭和27）年、日本建設産業は住友商事と改称します。「財閥商号・商標の使用禁止令」廃止を受けての商号変更です。すなわちそれは、旧財閥の反撃の狼煙《のろし》でした。

次に引用するのは住友商事の社史の記述です。財閥の傘下会社にとっては、財閥が利害を一致させるブランドの役割を果たしていたこと、そしてこのブランドの役割を求めるために系列のメンバー会社として結集したことが示唆されています。

「昭和20年11月に日本建設産業を名乗って以後6年余、ここにふたたび住友の名称に復した。終戦以来、財閥解体の渦中にあって大きい試練と曲折を経てこの日（6月1日：引用者注）を迎えた役員・職員一同の感激は大きく、志気もまたあがった。この商号変更によって、当社は文字どおり住友グループの貿易商社として躍進のスタートを切った。……（中略）……名実ともに住友の貿易商社となったので、住友系諸社との関係を一層緊密にすることに努め、それらの製品の取扱いと原材料の納入に力を注ぎ、その貿易の増加にも務めた[22]」

コーディネーターとしての商事会社

系列のメンバー会社が互いの長期的取引を重視したという点を掘り下げると、商事会社の役割がクローズアップされてきます。商事会社は、ブランドに集った会社のまとめ役となっていくのです。

系列のなかで、商社がどのようにコーディネーターの役割を果たしたのか、鉄鋼を例に挙げて説明します。

商社は、輸入した鉄鉱石を高炉メーカーに売り渡し、高炉メーカーの生産した鉄鋼材をメーカー各社に売り渡します。さらにメーカー各社の加工産品の国内販売と輸出を目指します。

このようにして、住友（住友商事と住友金属工業）、芙蓉（丸紅と日本鋼管）、三和（日商岩井と神戸製鋼所）、そして第一（伊藤忠商事と川崎製鉄）の4系列では、商社は同系列メンバーの高炉メーカーと取引していました。これに対し、三井・三菱は系列内に大規模な高炉メーカーを持ちませんでした。そこで三井物産と三菱商事は、どちらも新日本製鉄を主要取引先としました。[23]

また、系列内の取引が活性化される過程で、系列の枠を越えた取引も活用されるようになりました。系列における商事会社のコーディネーションは、旧財閥傘下会社の取引関係をさらに濃密にするという側面とともに、以前の取引範囲に限らず幅を広げるという側面を持ち合わせていました。

1963（昭和38）年、富士銀行（芙蓉）頭取に岩佐凱実《よしざね》という人物が就任します。

富士銀行頭取当時に系列どうしの対抗意識がなかったという点について、岩佐は次のように述懐しています。

「……戦前の財閥が復活したというようなことをいう向きもありました。しかし、今日の企業集団というものは本質的に財閥とは違っています。三井の企業集団ができたとき、三井物産がそのなかにおいて一定の役割を果たしていくというのは当然の姿ですし、従来の関係からいっても、新生三井物産が三井銀行と相当に密接な関係でいくのも、また当然なことだと思います。しかし、物産に限らず有力な総合商社は日本経済の規模の拡大とともに、その商売も役割も大きくなっていく。したがって取引金融機関としては、やはり複数で、より密接なものを必要とするわけだし、そのほうがいいに違いないのです。だから富士銀行としては、三井銀行とともに主要取引銀行としてやっていくことでいいのだと考えておりました。三井物産も、またそういう考え方であるはずだと思っていましたから、対抗意識というようなものは少しも感じませんでした[24]」

監視役としてのメインバンクの誕生

系列においては、商事会社と同様にメインバンクが重要な役割を果たしました。メインバンクとは、貸出先企業に対して、融資のみならず監視やビジネスマッチングの斡旋、あるいは業績悪化時における介入を軸とした長期的関係を持つ銀行のことです[25]。

メインバンクの源流は、1940年代前半、戦時統制期に遡ります。当時、軍事部門に大規模な資金を動員するための仕組みとして、複数の銀行による協調融資のためのシンジケートが結成されていました。幹事行となる銀行が融資を担当し、他の銀行は幹事行に対して資金を提供するのです。融資先は、軍需会社として指定された会社です。ただし資金を提供するからといって銀行が経営に規律や**インセンティブ**を与えるということはありません。経営者は政府（軍部）の代理人としての立場でした。

こうした協調融資のシンジケートの経験が、戦後復興において活用されたのです。1940年代後半、政府主導で復興金融金庫による大規模な事業への資金動員がなされていました。この状況下で、日本銀行の斡旋を通じて、協調融資のシンジケートが組織されたのです。ただし経営者の自立的な経営を促すため、戦時期のシンジケートと異なり、政府は一切の主導権を持ちませんでした。代わりに幹事行が監視役を務めなくてはならなくなります。このことがひとつのきっかけとなり、銀行は企業経営に対して発言力を持つようになります。

系列においては、系列内の銀行が同系列メンバー企業に対して監視役として融資しました。そして系列メンバーではない銀行も、その監視に便乗して資金を提供する、ということが広まります。系列内の監視役の銀行よりも他系列の銀行の融資が多額であるケースも珍しくありませんでした。

こうして互い違いに監視役となり、互いに監視に便乗し合うことで、各銀行とも情報収集のコストを節約できたのです。

企業は、銀行に当座預金をもうけて決済を行います。ここで、系列の場合、メンバー会社は、同じ系列内の銀行をメインバンクとし、メインバンクの口座を中心として決済あるいは約束手形の割引などを行っていました。

メンバー会社が、いつどういう相手に手形を振出したのかなど、企業財務に関わる情報をメインバンクは日常的に入手できます。

あるいは役員派遣を通じて監視することもできました。メンバー会社の業績悪化時には、メインバンクは追加融資をして資金面でサポートする一方、役員を派遣し、マーケティングや支出管理の面を中心に経営改善策にも着手することがありました。

サラリーマン経営者とシャンシャン総会

系列では、株式持ち合いが敵対的M&Aの防波堤となっていたので、経営者は、乗っ取りによる解任の脅威に晒されずにすみました。このため、収益性指標の低下を理由とする経営者交代はあまり観察されず、系列企業では経営陣の若返りあるいは世代交代としての経営者交代が主流になります。取締役会のメンバーもほぼ会社の従業員から選出されていました[26]。

そして系列の会社で働く従業員にとっては、最終的に経営者に昇進できるということが、インセンティブとなりました。昇進トーナメントを勝ち抜いて経営者の安定した地位を手に入れれば、収益の変動と連動して役員賞与が支払われます。

株式持ち合いのなか、株主は配当を強く請求することもありませんでした。株主総会にいたっては、「シャンシャン」総会と呼ばれたほど、形式的に総会を開いて決議に際して「シャンシャン」と手締めして経営方針を承認することが珍しくありませんでした。

株主は、特に監視役となることもなく、経営者に役員報酬として金銭的なインセンティブを与えることで会社経営の効率化を促したのです。経営危機に際しては系列内のメインバンクあるいは商社が中心となって経営再建を図るなどの措置が取られましたが、平常運転の場合は、系列では、経営者が事実上の**残余請求者**となっていたのです。

本章のまとめ

本章ではコーポレート・ガバナンスの側面から、財閥と系列について解説してきました。

財閥は株主が残余請求者に、一方、系列では経営者が残余請求者となっていました。

系列は、高度経済成長期にはうまく機能しましたが、それも長くは続きませんでした。１９９０年代あるいは２０００年代以降、株主重視もしくは株式市場重視のコーポレート・ガバナンスを構築しようとしながら、これがうまく機能することなく「失われた20年」を過ごしてきたのが日本企業の現状です。

コーポレート・ガバナンスを議論する上では今一度、長期的視野に立って、制度と現状の整合性を議論することが望まれます。そのためにも、コーポレート・ガバナンスを軸として、経済史に着目することは、ビジネスパーソンの方々にも大いに役立つものと思われます。

第4章

銀行危機の経済学

introduction

銀行危機は常に現代的関心事

２００８年秋、アメリカのリーマン・ブラザーズ・ホールディングス（Lehman Brothers Holdings Inc.）が経営破綻に陥りました。この経営破綻が引き金となり、世界各国で株価あるいは様々な金融資産の価格が急落します。投資家が金融市場に投じていた資金をできるだけ手元に確保しようとしたのです。様々な国の金融機関が、経営破綻に陥るか、破綻回避のため他の金融機関との合併を余儀なくされる状況に直面しました。

金融機関が連鎖破綻の危機に晒される、このような状況を銀行危機と呼びます（便宜上、金融機関危機ではなく銀行危機としておきます）。そしてドミノ倒しのように破綻が連鎖してしまうと、資金仲介システムあるいは決済システムといった金融の根本的な機能が麻痺します。このような深刻な事態は、歴史上の話として片付けられるものではなく、21世紀になってもしばしば生じているものなのです。

本章が強調するのは次の2点です。第1点は、銀行のリスクテイクを抑止できなければ銀行危機はいつでも生じかねないという点です。そのため、いかにして健全な貸出行動をとらせるかについて、政策的な工夫が前もって必要とされてきます。

そして第2点として、銀行危機が生じた場合、決済システムの安定性を回復するための適切な政策的判断が要請されてくるという点です。これは、最後の貸し手、具体的には中央銀行による資金サポートが話題の中心となります。銀行危機が生じた場合の事後的な対応も適切さが問われてくるのです。

これら2つの点を、本章は1927（昭和2）年の昭和金融恐慌を通じて学びます。昭和金融恐慌は、わずか40日間で30行もの普通銀行が大蔵省に休業届を提出したという異常事態です。これは金融史上、未曾有の出来事でした。

また本章では、ゲーム理論の枠組みで事実関係の理解を深めることに力点をおきます。ゲーム理論とは、様々な行動・選択肢があるなかで、人々がどのような行動をとり、社会がどのような状態に落ちつくのかを把握するための枠組みです。銀行危機という、群集心理がうごめく事態を、ゲーム理論を通じて理解を深めたいと思います。

なぜ銀行危機が起きるのか？
——ゲーム理論による分析

本節では、昭和金融恐慌に関する手記を手がかりとして、預金者の行動についてゲーム理論の視点から見ていくことにします。銀行システムが機能していることも機能しなくなることも、集団行動をゲームになぞらえて説明することができます。そこから銀行危機を防ぐための方策も見えてきます。

ある預金者の判断

次に紹介するのは、和歌山県の「葵人生」というペンネームの人物が『罪は何れに』と題して残した手記です。1927（昭和2）年4月の出来事が綴られています。本節では、登場する女性（妻君）がどのように行動しようとしたのかをめぐって説明を進めます。

「四月二十日所用あって上洛したHは、某大銀行に対する如何わしい風評を聞いた。三月以来、いやが上にも神経過敏になっている彼は、一刻も早く引出すが上々の策と思って、妻君のところへ

『預金引出せ』

という電報を打った。この電報を受取った妻君は藪から棒で、その意を解するに苦しんだが、とにかく夫の命令だから、直に預金帳を懐中にして某大銀行の支店へかけつけた。ところが行内は平生通りで一向変った様子もなく、周章《あわ》てて取付に来た自分を顧みて少々決まりが悪く一応夫に「何故引出すか」を問合わせることにした」

「妻から問合せた電報に対する夫の返電は

『馬鹿ッ』

というのであった。彼の女が狼狽しながら、再び銀行へ駆け付けた時は午後の三時を過ぎ、銀行の重い鉄扉は固く閉ざされていた。翌日、この鉄扉に『三週間休業』の謹告が貼出されて今なおそのままである」[1]

手記の内容をまとめておきましょう。女性（以下、女性Aとしておきます）は、預金

を引き出すつもりで銀行に足を運んでいます。しかし引き出さずに一旦引き返して夫に確認の連絡をしています。「平生通りで一向変った様子もなく」決まりが悪くなったからだというのです。

そして銀行に足を運び直したものの、すでに扉が閉じており、翌日には三週間休業と貼り紙で通知されていたというのです。

このお話を読んで、皆さんはどうお考えになったでしょうか。このエピソードは、「女性Aさんが引き出しをしていれば良かったのに、残念なご夫婦でしたね」という物悲しいお話というだけではなく、銀行危機の発生メカニズムを考える上で大変参考になります。

人々の行動や社会現象を読み解くゲーム理論

ゲーム理論は、数学者のジョン・フォン・ノイマンが経済学者オスカー・モルゲンシュテルンと確立した数学の枠組みです。[2] 経済学のみならず、生物学、社会学、政治学、あるいは心理学など様々な学問の分野で用いられ、また、交渉術にも応用されていることから、ゲーム理論に関心を抱くビジネスパーソンの方々も少なくないと思います。

ここから女性Aの行動をゲーム理論で考えてみることにしたいのですが、まずゲーム理論とは何か、いくつかのキーワードとともに少し説明しておきましょう。

ゲーム理論では、人々（プレイヤー）の行動を紐解くために、そのプレイヤーがゲーム的状況に直面していたものと考えます。ゲーム的状況とは、複数の人々がそれぞれいくつかの選択肢から何らかの行動を選ぶ状況のことです。

ゲーム的状況では、各々がどの行動をとるのか、その組み合わせによって、もたらされる結果が往々にして変わります。このときの選択肢のことを戦略と呼びます。

もうひとつ、「利得」という言葉もおさえておきましょう。ジャンケンであれば、プレイヤーがチョキを出すとき、相手がパー、グー、あるいはチョキのどれを出すかで勝敗が変わります。ここで、勝敗あるいはポイントなどのように各プレイヤーがゲームを通じてどれだけ得をしたか（あるいは損をしたか）を利得と呼びます。プレイヤーは利得を通じて自分の選んだ戦略を評価できるわけです。

ゲームにおいて、プレイヤーは、相手を出し抜いたり、あるいはときには協力したりなど、損をせずに済む戦略を選ぼうとするはずです。ゲーム理論では、社会・集団の構成員をプレイヤーに見立てることで、人々の行動を、当人たちが選んだ戦略の組み合わせとして捉えることができます。社会現象・集団行動というものは、プレイヤーが選んだ戦略どうしの相互作用とみなすことができるのです。

女性Aのゲーム的状況

銀行危機という現象を、同じようにゲーム的状況として捉えてみましょう。先ほど紹介したエピソードでは、女性Aがメインプレイヤーです。そして女性以外の「他の預金者」は、彼女に対抗する一人のプレイヤーと考えましょう。戦略は、預金を預けたままにしておくか、引き出すかの二者択一です。

さて、預金を預けたままか、引き出すか、各プレイヤーの戦略の組み合わせと、それがどんな結果をもたらすかについて整理しておきます。女性Aと「他の預金者」が双方とも預けたままの場合は、預金引き出しの騒動は発生しません。どちらか一方が引き出し、もう一方が預けたままでいるなら、片方をよそに一方が慌てた状態になります。そして双方とも引き出すのであれば、まさに取り付け騒動とも呼べる状態になります。こ

(図表4-1) 女性Aと他の預金者の預金引き出しゲーム

		他の預金者	
		預ける	引き出す
女性A	預ける	平生通り	Aだけ平然
	引き出す	Aだけ慌てる	取り付け騒動

れを図示したのが図表4－1です。

今回の女性Aの場合は、一旦は引き出すつもりで銀行に行きましたが、自分だけが慌てた状態に陥ることをためらって、周りと同じように引き出すことをしませんでした。つまりゲームとしては「平生通り」に着地したことになります。

さて、銀行の立場でこのゲーム的状況を見てみましょう。もちろん「取り付け騒動」の状態は望ましくありません。この事態を避けるためには、各プレイヤーに何らかの戦略を選ぶよう促す、あるいは選ばないように導く工夫が必要です。銀行システムの制度設計においては、取り付け騒動という、誰もがパニック状態に陥ってしまう事態をいかにして防ぐのかが関心事となるのです。

だからこそ、女性Aがどうして引き出さずにいたのか、あるいはどのような条件になったら女性が引き出していたのか、といったことを考えてみることには、大きな意義があるのです。

歴史現象をゲーム的状況として考えることで、当時の人々がなぜそのような状態を選んだのか、どんな面で限界があったのか、あるいはどんな面で歴史的な偶然の恩恵（もしくは被害）を受けたのかを議論する手がかりが得られます。経済史を理解する上で、ゲーム理論は、史実を構成する様々な意思決定や行動を、実際には生じなかった出来事と比較・対照させながら分析するヒントを提示してくれるのです。

「平生通り」の状態に戦略的安定性を持たせる

では実際に、ゲーム的状況として分析すると、どのようなことが分かるのか、見ていくことにしましょう。

相手の戦略が変わらない限り自分の戦略を変える**インセンティブ**がないことを、自己拘束的と表現しておきます。そして、どのプレイヤーも自己拘束的な戦略をとっている状態であれば、誰も戦略を変えるインセンティブを持たないことになります。もしも互いに自己拘束的な戦略を選んでいる場合、その状態はなかなか変わらないことになります。状態がなかなか変わらないことを戦略的安定性と呼ぶことにします。

女性Aの行動の場合、周りが「平生通り」だったことで、彼女には「引き出す」という戦略を変えるインセンティブが生じました。つまり彼女にとって預金を引き出すことは自己拘束的な戦略ではなかったことになります。そして「平生通り」の銀行で彼女だけが慌てて引き出そうとする状態は戦略的安定性を備えていなかったと言えます。戦略的安定性を備えていたのは、預金者の誰もが「平生通り」に預けたままでいる状態にほかなりません。

昭和金融恐慌などの銀行危機では、銀行に並ぶ行列ができたことでパニックが蔓延したことを示す史料は少なくありません。この点で、引き出すつもりでいたはずの預金者が「少々決まりが悪く」引き返した、という女性Aの手記は珍しいのです。この手記は、銀行が休業するその前日まで、預金者の誰もが「平生通り」に預けたままでいる状態が、戦略的安定性を持ち続けていたということを伝えています。

仮に、女性Aが最初に引き出しに行ったとき、他の預金者が引き出しに殺到していた場合のことを考えておきましょう。他の預金者が駆け込むならば、女性Aには引き返す理由がなくなっていたはずです。引き返す理由がないということは、今度は引き出すことが彼女にとって自己拘束的な戦略となります。

この場合、女性Aも含めて、どの預金者も引き出そうとします。これは、預金者の誰もが取り付けに走るというパニック状態です。そして取り付け騒動でのパニックも、戦略的安定性を持つことになります。

戦略的安定性を持つ状態のうち、実際に成立している状態、つまりプレイヤー全体の落ち着きどころとなっている状態を**フォーカル・ポイント**（着地点）と呼びます。そして、「平生通り」の状態もパニック状態も、いずれもフォーカル・ポイントになりえるのです。そして「平生通り」の状態からパニック状態に、何らかの理由でシフトするという点で、銀行システムは不安定性を抱えていると言うことができます。[3]

銀行危機の防止策や解決策を考えるには、「平生通り」の理想的な状態が戦略的安定性を保ち続けるにはどうすれば良いのか、という点を考えなくてはなりません。このことに加えて、最悪な状態に陥った場合にどうやって理想的な状態に引き戻すかについても考える必要があります。

銀行システムをめぐる制度設計には、銀行危機を阻止するためのインセンティブ設計とともに、銀行危機が発生した場合にスムーズに「平生通り」の状態に戻れるための仕組みが求められてくるのです。

銀行危機が生じる3つのパターン
——2つの金融機能不全

預金者のゲーム的状況として銀行システムを捉えたとき、銀行危機というのは預金者が一度に戦略を変更する事態です。その場合の預金者の戦略変更のきっかけには3つのパターンがあります。1927(昭和2)年の昭和金融恐慌で何が起きたのか、それを理解する準備として、本節では銀行危機が発生する理論的な側面を見ていくことにします。

預金取り付け=預金者の戦略変更

銀行危機とは、多くの預金者が一斉に預金を引き出すことで連鎖破綻を引き起こす事態のことを指します。銀行危機では単一の銀行に関しての預金引き出しや破綻にとどまらず、同時多発的な引き出しあるいは連鎖破綻がどのようにして生じるのか、という点がクローズアップされますが、まずは単一の銀行がどのようにして取り付けに直面するのかを考えてみます。それを足がかりとして、同時多発的な預金引き出しや連鎖破綻について議論を進めることとしましょう。

ゲーム的状況として捉えると、預金取り付けは、多くの預金者にとって同時に戦略の変更を余儀なくされる**インセンティブ**が生じる事態です。その戦略変更のインセンティブを生み出すきっかけ、いわば引き金は3つあります。「噂の蔓延」「資金仲介機能への不信」「流動性供給機能への不信」です。

パターン1「噂の蔓延」

銀行取り付けにおいては、預金者の間で「この銀行は信用できない」という言説が飛び交っているということが1つめの重要なポイントになります。噂が広まる、もしくは銀行に対する不信が預金者の間でシェアされることで、預金者は戦略変更のインセンティブを与えられることになります。

1914（大正3）年、山口県の日本商業銀行柳井支店で、ある人が海外からの送金として多額の現金を窓口で受け取りました。現在と違って、ATMはありません。誰からも目撃できる窓口で、札束（おそらくは札束を包んだ紙袋）が手渡しされたのです。その光景を目の当たりにした預金者が、これを解約したと勘違いしました。そのことで根も葉もない噂が広まり、この支店で取り付け騒動が生じました。

こうした、噂の蔓延による取り付け騒動は、特に明治・大正期は数え切れないほど発生しました。そして根も葉もない噂は、情報伝達手段が発達した時代でも蔓延するのです。

1973(昭和48)年、愛知県の豊川信用金庫では、電車での高校生の冗談話が発端となって預金者が引き出しの行列を作るという事態が生じています。このケースでは、接客業の人々や、アマチュア無線(電波法に基づいて許可を受けた個人的な情報発信愛好家を介して情報が拡散するという現象が生じました。

また、2003(平成15)年には佐賀県の佐賀銀行が、ある女性の発したデマが発端となって取り付けに直面しました。このケースでは女性がチェーンメール(不特定多数の相手に送信される電子メール)を用いてデマを拡散したことが話題となりました。

銀行が預金をどのように運用しているのか、預金者が知ることはごく稀と言えます。だからこそ、もっともらしい言説を見聞きした預金者が不安にかられて銀行に駆け込んでしまうことは無理のないことなのです。

パターン２「資金仲介機能への不信」

銀行は、預かった預金の一部だけを手元に残して融資もしくは証券投資にあてます。その一方で、預金者が決済のために口座の残高から支払いを要求してきた場合、銀行はこれに応じなくてはなりません。その際、銀行は手元の現金か、さもなくば他の銀行から借り入れた資金をもとに支払いに応じます。

預金者への返済能力として評価される銀行の健全性を**ソルベンシー**と言います。銀行が充分なソルベンシーを備えていれば、手元の現金もしくは他の銀行から資金を調達するなどして預金者への返済に充てられます。銀行の貸出内容に対する信頼、あるいは自己資本を担保にインターバンク（銀行間）市場から資金を借り入れるわけです。

しかしソルベンシー不足の銀行は、そうした場合の担保となるものがなく、資金を借り入れることができないという意味で、返済能力がないと見なされます。こうしたソルベンシー不足の疑いから銀行危機が発生するのが、２つめのパターンです。

預金者は何かのきっかけで、銀行の貸出内容の悪化を察知することがあります。たとえば、景気後退の兆候、あるいは外国為替市場や資産市場でのクラッシュが発生する、といったときです。こうした局面では、どの銀行も貸出先が軒並み経営不振に直面するリスクが高まります。そして預金者は、こうした事態に直面すると、貸出先の経営不振を懸念して銀行のソルベンシーに疑いの目を向けるのです。これは、個別の銀行に対する不信ではなく、もはや銀行システムの資金仲介機能（預金者の預金を実体経済のサポート資金として運用する仕組み）そのものが疑われていることになります。

預金者の行動としては、まず銀行に一旦駆け寄ります。そして銀行が健全だと判断できるならば、そのまま引き返すことができます。このとき、健全な銀行の行員らは、健全性をアピールしてお引き取りをお願いすることができます。

しかし、預金者が銀行をソルベンシー不足だと判断すれば、引き出しは止まりません。銀行と預金者との非対称情報が緩和されることで健全な銀行が営業し続ける一方で、不健全な銀行が淘汰の憂き目にあうことになります。

パターン3「流動性供給機能への不信」

銀行システムは、資金仲介だけではなく、決済サービスも提供しています。たとえば銀行の当座預金は、決済に利用できます。

決済を完了させることは貨幣の重要な機能のひとつです（第1章参照）。その重要な機能が銀行の業務によって支えられています。決済において換金がスムースに行われるかどうか、銀行の換金能力を流動性パフォーマンスと表現しておきます。

銀行が流動性不足になった場合、インターバンク市場を通じて流動性パフォーマンスに余裕のある銀行から資金を借り入れることができます。ただし、借り手銀行（取手と言います）は、資金を貸し手銀行（出手と言います）に早急に返済しなくてはなりません。なぜなら出手が流動性を補ってくれる際には手元流動性を一時的に手放してくれているからです。

もし、取手が出手に返済できないということになれば、出手は流動性の回収が難しくなるので手元の流動性を確保しようとします。出手になろうとする銀行がいなくなれば、インターバンク市場が麻痺します。銀行システムの流動性供給機能はインターバンク市場に支えられています。その麻痺は銀行システムにとって致命傷となります。

預金者は、インターバンク市場の麻痺や混乱を察知することで流動性供給機能を信頼できなくなります。決済手段としての預金に不信感を覚え、いち早く現金化しようとします。このため預金者は、個々の銀行の流動性パフォーマンスにかかわらず、「我先に」と預金引き出しに走るのです。

次節で解説する昭和金融恐慌でも、流動性供給機能に対する信頼失墜が騒動のピークとして大きな混乱を引き起こすことになります。

昭和金融恐慌はなぜ起こったのか？
——予防策を考えるヒント

いよいよ本節では、1927（昭和2）年の昭和金融恐慌で何が起きたのかを確認します。歴史的な事実関係を確認しながら、どのタイミングで預金者に戦略変更のインセンティブが与えられたのか、この章全体を通して学んだ知見をもとに、理解を深めていくこととしましょう。

普通銀行預金の大幅な預金減少

昭和金融恐慌は1927（昭和2）年3月に首都圏を中心に、そして4月に全国的規模で発生しました。

図表4－2[4]は1927（昭和2）年における各月の普通銀行の当座性預金および定期性預金（百万円）および対前月増（％）を示すものです。4月を見ると、当座性預金では8・57％、定期性預金では5・69％、そして総額では6・93％の減少です。

預金取り付けに際しては、預金を払い戻しせず扉を閉じたりあるいは休業する銀行も

(図表4-2)普通銀行の預金(1927年1月－12月、百万円)

Date	当座性預金(A)		定期性預金(B)		(A)+(B)	
		対前月増(%)		対前月増(%)		対前月増(%)
1927年 1月	3,885	－5.85	4,973	1.23	8,858	－1.93
2月	3,859	－0.67	5,090	2.33	8,949	1.02
3月	3,860	0.03	5,006	－1.66	8,866	－0.93
4月	3,543	－8.57	4,729	－5.69	8,272	－6.93
5月	3,806	7.16	4,718	－0.23	8,524	3.00
6月	4,118	7.88	4,693	－0.53	8,811	3.31
7月	3,954	－4.1	4,675	－0.4	8,629	－2.1
8月	3,924	－0.8	4,671	－0.1	8,595	－0.4
9月	3,999	1.9	4,660	－0.2	8,659	0.7
10月	4,020	0.5	4,729	1.5	8,749	1.0
11月	4,055	0.9	4,685	－0.9	8,740	－0.1
12月	4,264	5.0	4,643	－0.9	8,907	1.9

出所:立教大学近代経済学研究機構

ありました。あるいは引き出した預金をすぐに財閥傘下の銀行など大銀行に預け入れるケースも少なくありません。この場合、預金総額には変化が生じないことになります。

それでも、預金総額の前月比で6・93%減となるなど、銀行システムにプールされていた預金が4月に大量に引き出されたことがわかります。

以下、本節では、なぜこのような事態になったのかを説明します。

震災手形処理の遅れと資金仲介機能への不信

話は少し遡ります。

第一次大戦と前後して、日本は大戦

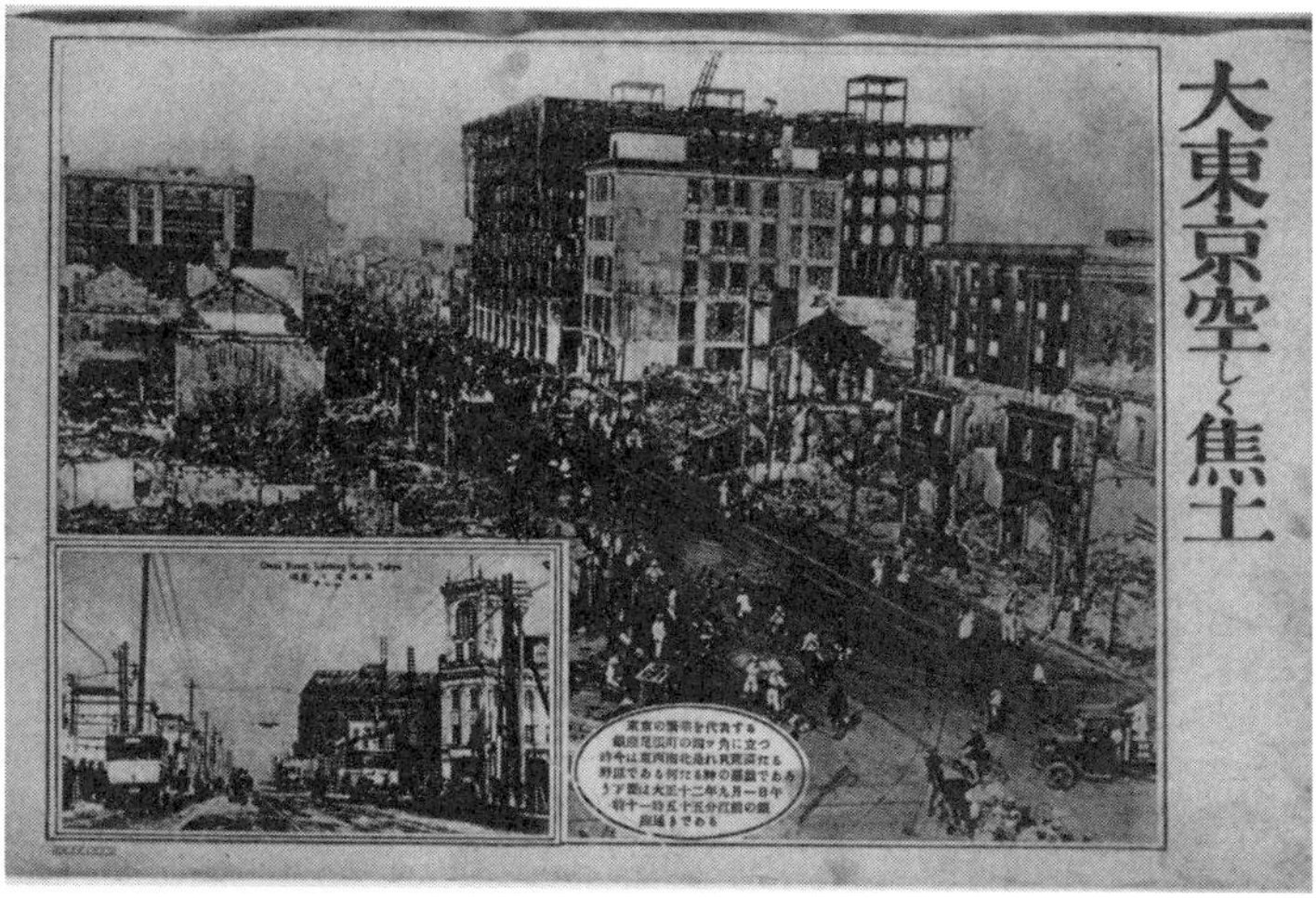

関東大震災を伝える報道
画像:『関東大震災画報』写真時報社編　国立国会図書館ウェブサイト

ブームと呼ばれる好景気に沸きます。そして好景気が長引くと思った株主や銀行が、企業に資金を提供していました。しかしこの好景気は、1920年代に突入するや、バブルとそのクラッシュを通じて幕を閉じます。銀行は貸出先の経営悪化を受けて不良債権を抱え、不良債権問題が徐々に深刻化していきました。

不良債権問題に追い討ちをかけたのが、1923（大正12）年9月1日に発生した関東大震災です。震災により、企業や資産家などが支払うつもりでいながら支払い不可能になった手形が大量に発生しました。そこで日本銀行は、96行の銀行を対象として、このような不良債権化した手形を再割引して銀行に対して資金を融通します。これら不良債権は震災手形と呼ばれました。

震災手形は、震災復興を通じて返済されれば問題ないはずでした。しかし残念なことに、震災手形のなかには、震災以前、つまり震災とは無関係の不良債権も少なからず紛れ込んでいたのです。こうした不良債権問題は、なかなか改善しません。

当時の政府は**国際金本位制**への復帰を目指していました（第1章参照）。だからこそ、政府は不良債権問題をできるだけ早く解決したかったのです。しかし、解決を急ぐために日本銀行あるいは政府が特定の銀行に救済融資を実施することは、不況のなか特定の銀行に税金を投じることを意味します。自由競争に反して特定の銀行を救済することを、咎めようとする野党勢力が黙っていませんでした。

1927（昭和2）年3月14日、震災手形処理のための法案（震災手形損失補償公債法案、震災手形善後処理法案）をめぐる衆議院予算委員会でのことです。若槻礼次郎（憲政会）内閣の大蔵大臣片岡直温《なおはる》に、立憲政友会の議員である吉植庄一郎が詰め寄ります。銀行を救済するために税金を投入するのであればどの銀行なのか、政府はどの企業や会社を特別扱いして救済する気なのか、と彼は攻撃したのです。

ここで事件が起こります。蔵相の片岡が、事務次官の勘違いから得た情報で東京渡辺銀行の破綻を口にしたのです。事務次官は東京渡辺銀行の手形交換がストップし、当日中に破綻やむなしと認識していました。しかしこの時、東京渡辺銀行はすでに流動性を工面できていたのです。それにもかかわらず事務次官がこれを知らずにいたのです。翌15日、新聞各紙が蔵相の発言を「舌禍」つまり失言として報道します。まだ破綻してもいなかったはずの銀行を経営破綻に陥ったと発言することは重大な失言です。首都圏の預金者にとっては、こうした失言を含め、震災手形処理がなかなか進まず議会が混乱に陥っていることは深刻でした。そしてこの新聞報道が引き金となり、首都圏を中心として銀行取り付けが発生したのです。

銀行の休業ドミノ

東京渡辺銀行は、蔵相の失言が混乱を招いたということで大蔵省に休業届を提出した一方で、預金者に対しては銀行が不動産を所有していることから資金面では何ら問題がないことを表明しました。そして他の銀行も、預金者の資金仲介機能への不信が募ったことから、各銀行とも健全性のアピールが重要となりました。

神奈川県に本店をおき、東京商科大学などで教鞭を執った左右田喜一郎が取締役を務めていた左右田銀行の例をご紹介しましょう。

左右田銀行は第一次大戦後のクラッシュ時、すでに一度横浜で取り付け騒動を経験していました。その際は、喜一郎の書斎から本を大量に運び出し、窓口に並べ、上にお札を並べました。書籍を札束に見せかけて預金者を安心させる作戦です。当時はこれが奏功し、引き出そうとする**インセンティブ**を失わせることに成功しました。預金者は帰っていったのです。

さて今回はどうだったのでしょうか。1926年末時点で同行の震災手形は6割が未決済のままでした。これは決して楽観できる状況ではありません。しかし、左右田銀行の役員は取り付けに見舞われても心配はないと、「書籍札束作戦」に自信を持っていました。

しかし、その慢心がアダとなります。自慢話として打ち明けてしまった「書籍札束作戦」の話が一挙に蔓延したのです。今回はもはや「書籍札束作戦」が通用するはずがありません。[5] 左右田銀行に預け続ける理由がなくなり、引き出そうとする預金者が押し寄せました。3月22日、左右田銀行は大蔵省に休業届を提出します。

震災手形を抱えていた銀行のなかには関西に支店を構えていた銀行もあります。先ほどの左右田銀行や、東京に本店をおく村井銀行などです。取り付け騒ぎは、京阪地方にも飛び火しました。

村井銀行は、「煙草王」とも称された村井吉兵衛が１９０４（明治37）年に創業して以来、営業エリアを広げていました。しかし同行も関東大震災により震災手形を抱え、左右田銀行と同じく3月22日に休業します。そして村井銀行や左右田銀行が店舗を閉めたことで、京都の預金者にも不安が飛び火しました。3月22日には山城銀行が、そして23日には桑船銀行が休業します。


こうしたドミノ現象は、すべての預金者が「引き出す」を選ぶ事態を引き起こしつつある危険な状況です。このため政府は3月23日に震災手形損失補償公債法案および震災手形善後処理法案を貴族院会議で通過させました。これにより当面の信頼は回復しました。

しかし、金融不安はまだ続いたのです。4月8日には兵庫に本店をおく第六十五銀行が休業しました。これは、新たな危機、むしろ本当の危機が襲いかかる前触れとなりました。

昭和金融恐慌のピークと収束

第六十五銀行の休業の大きな原因は、貿易商社鈴木商店の経営不振です。

鈴木商店は、1874（明治7）年に鈴木岩治郎が兵庫で開業した貿易商社です。事業の中心は、樟脳や砂糖を台湾から仕入れて海外に輸出することでした。製糖・製粉・製鋼といった分野にも進出していました。そして1923（大正12）年、鈴木商店は正式名称を鈴木合名会社に変更するとともに、一族の事業会社の株式を所有する持株会社となりました。こうして鈴木商店は、西日本有数の財閥となったのです。しかし、第一次大戦後の好景気のクラッシュにより大打撃を被りました。

鈴木商店は、台湾銀行と第六十五銀行から資金サポートを受けていました。台湾銀行（以下、台銀）は、日本の台湾統治の経済上の拠点でしたが、鈴木商店に対する優先的な融資が経営の足かせとなっていたのです。第六十五銀行の休業は、もはや台銀休業も時間の問題であるという現実を政財界につきつけます。

そこで若槻礼次郎（憲政会）内閣は、台銀救済を目的とした勅令の草案を作成しました。しかし中国に対する若槻内閣の姿勢に不満を抱いていた枢密院（天皇の諮問機関）は、若槻内閣の退陣をねらっていました。4月17日、精査委員会を開いて勅令案を否決します。翌18日、台銀は休業しました。

鈴木商店営業停止、第六十五銀行休業、そして台銀の休業と続いたことで、西日本の預金者の不安が高まります。近江銀行（大阪）、芦品《あしな》銀行（広島）、さらに西江原銀行

（岡山）が取り付けに直面し、休業に追いこまれたのです。

危機感を覚えたのは預金者だけではありません。大手の銀行も同様です。台銀は当時、インターバンク市場を通じて資金を借り入れながら流動性不足を解消して破綻を日々逃れようとしていたからです。

1927（昭和2）年3月末時点で、台銀は大手40行から総計2億円にのぼる資金を調達していました。[6] しかし台銀が休業したことで、大手の銀行の台銀に対する融資返済見込みが、一時的にせよなくなったのです。このため銀行間の貸借・決済のネットワークが麻痺してしまいました。

若槻礼次郎（1866-1949）。明治〜昭和の官僚、総理大臣、大蔵大臣。
画像：国立国会図書館ウェブサイト

ここで冒頭の「女性A」の話を振り返ってみましょう。

4月20日、女性Aは銀行の「平生通り」の様子に気まずさを覚えて引き返しました。しかしその翌日の4月21日朝、宮内省の口座を取り扱っていた十五銀行が3週間の休業を宣言します。これは衝撃のニュースでした。同日午後には三井、三菱、住友、安田、第一といった当時の国内銀行ビッグ5の本店前にも預金者が殺到します。

これは、個々の銀行が**ソルベンシー**不足を疑われているのではなく、銀行システムの流動性供給機能そのものが信頼されなくなっていたことに他なりません。当時の著述家である高橋亀吉は「銀行に対する民衆の信頼は地に墜ち、銀行取付騒ぎは燎原の火のごとく全国に拡大し」たと描写しています。[7]

『銀行通信録』という当時の業界誌でも、十五銀行休業によりソルベンシーの区別なく銀行が取り付け騒動に直面していた様子を記しています。

「突如十五銀行も休業するに至りしかば形成俄に悪化し預金の引出は独り六大都市のみに止らずして殆ど全国に及び狼狽狂乱せる預金者は銀行の善悪良否を甄別《けんべつ》せず一斉に取付けたれば中小の銀行は勿論一流銀行さへ皆其厄を被るに至り終に前代未聞の大恐慌に陥り以て昭和新政の金融史を汚すに至れるは寔《まこと》に千載の恨事といふ可し」[8]

こうした最中、若槻礼次郎は内閣退陣を余儀なくされます。それを受け、田中義一（立憲政友会）が組閣人事を進めました。大蔵大臣に任命されたのは高橋是清です。4月22日、高橋は全国の銀行に対し、預金業務停止を3週間（5月12日まで）命じる勅令を公布・即日施行させます。こうして、未曾有の預金引き出しゲームは強制終了されたのです。

銀行危機を防ぐ「事前的措置」

ここからは、昭和金融恐慌を防ぐことができなかった要因、ならびに昭和金融恐慌後の対応策の現代的な意義について、いっしょに考えてみることにしましょう。銀行危機をどうやって防ぐことができるのか、あるいはもしも発生した場合にどのような対処策が望ましいのか、経済学の視点についても紹介します。

預金者が「平生通り」に預けたままでいる状態を持続させるとともに、銀行危機が生じた場合にスムーズに「平生通り」の状態に引き戻すための制度設計の枠組みをプルーデンス政策と呼びます。その内容は、資金仲介機能を維持するために行われる事前的措置と、流動性供給機能を維持するために行われる事後的措置とに区分できます。

まず、事前的措置から見ていくことにします。

事前的措置は、資金仲介機能に対する信頼を確保するための政策です。個々の銀行に対してリスクテイクを抑えるインセンティブを与えてソルベンシーを充実させ、資金仲介機能への不信が生じないようにするのです。銀行システムを構成する個々の銀行のソルベンシーを平均的に高めておけば、安心したインターバンク取引が交わされるようになります。

事前的措置の方法として、まず自己資本比率規制があります。現在はバーゼル（スイス）に本部をおく国際決済銀行（Bank for International Settlements、略称ＢＩＳ）が定めた国際ルールがあります。リスクアセット（銀行の資産の総額を算出する際に元本割れや貸し倒れの危険がない資産について割り引いた上で合計したもの）に対する自己資本の大きさをリスクアセット・レシオと呼びます。このリスクアセット・レシオについて、基準値（２０１８年３月時点では８％）を満たさないと銀行が国際的な活動をしてはならないというものです（近年、この基準の厳正化を視野においた議論があります）。リスクアセット・レシオの最低水準を設定することで、銀行には貸し倒れのリスクを抑えるインセンティブが与えられます。

昭和金融恐慌発生時の日本の銀行システムには、こうした自己資本比率規制の点で不備がありました。当時の制度的枠組みの軸となったのは、１９１６（大正５）年改正の銀行条例です。それ以前、１８９５（明治28）年の改正銀行条例では最低資本金額が20万円でした。しかし１９１６年の改正時には最低資本金の条項が撤廃されていたのです。地域によって必要とされる資本金が異なるから一律には決められないということが大きな理由でした。[9] 自己資本に関する規定がなかった点で、銀行条例は銀行のリスクテイクを抑止できるものではなかったのです。

銀行制度のこうした不備を是正するため、１９２７（昭和２）年３月に銀行法が制定されました。この銀行法では、銀行について資本金１００万円（東京・大阪に本店をおく場合は２００万円）以上の株式会社以外は認めない、と定められました。自己資本比率による規制ではないものの、自己資本を充実させることの重要性が再認識されたのです。さらに、東京と大阪については例外的に資本金の額を引き上げることで地域差も考慮した措置が講じられました。ただし、銀行法が施行されたのは昭和金融恐慌発生の翌年、１９２８（昭和３）年でした。制度整備が間に合わなかったのです。

自己資本比率規制のほか、事前的措置に該当する政策としては、ほかに早期是正措置（銀行の健全性の度合いに応じて段階的に政策介入する仕組み）などがあります。

1927（昭和2）年5月に大蔵省銀行局検査課、そして1928（昭和3）年6月に日本銀行考査部が新設され、政策当局による銀行監査が強化されます。

昭和金融恐慌という銀行危機を乗り越えたことで、日本でも個々の銀行のソルベンシーを高めるための枠組みが整えられたのです。

銀行危機を防ぐ「事後的措置」（最後の貸し手）

事後的措置は、流動性供給機能に対する信頼を確保するための措置です。平たく言えば、銀行システムに多くのお金が回るようにする措置です。

銀行が充分な流動性を手元に確保するための制度的工夫として、1928年施行の銀行法では利益金の10％以上を準備金として積立てるように定められました。平時において手元流動性を高めておくためのルールがこのように定められたのは、日本では初めてのことでした。

ただし、事後的措置の主眼は危機が発生した場合のことです。手元の流動性だけで引き出しに対応することもできなければ、インターバンク市場で他の銀行から流動性サポートを受けることもできない状態のことを考えなくてはなりません。

こうした事後的措置には2つの軸があります。第1の軸は「最後の貸し手」、そして第2の軸が預金保険制度です。

銀行はインターバンク市場を通じて他の銀行から流動性をサポートしてもらうことができるはずです。しかし銀行危機に際して、どの銀行も手元の流動性を譲り渡したくない状況になります。そこで「最後の貸し手」による流動性のサポートが必要になります。

「最後の貸し手」の役目は、個々の銀行に資金をサポートすることです。この役目は、基本的には中央銀行に与えられるものです。中央銀行が個々の銀行に融資する、もしくは銀行の債権・証券を買い取るといった方法で資金をサポートするのです。

19世紀英国の著述家、ウォルター・バジョット（Walter Bagehot）は、最後の貸し手の救済先として、流動性不足にありながらも健全な銀行を選別すべきだと強調しました。[10] これはバジョットの原則と呼ばれる救済方針です。

最後の貸し手に頼って普段の経営努力を怠るようなことは、資金仲介機能を健全に維持する上で避けるべきことです。この点で、バジョットの原則は個々の銀行の日頃の経営努力が高くなければ救済しないとアナウンスすることで、銀行に経営努力のインセンティブを与えるのです。

なお、銀行危機が発生していない状態でも銀行が流動性不足に陥ることはあります。現代では、そのような場合に日本銀行がロンバート金利と称されるプレミアムのついた高めの金利で銀行に資金を貸し付けます。つまりプレミアムが支払えるような健全な銀行がサポート対象となっているのです。

井上準之助(1869-1932)。明治〜昭和の政治家、財政家、日銀総裁、大蔵大臣。
画像:国立国会図書館ウェブサイト

昭和金融恐慌後には、日本銀行が資金を融資することで「最後の貸し手」の役割を担いました。この融資は、日銀特融とも呼ばれます。日銀に特別融資の応募をした銀行のなかから、日銀総裁の井上準之助を委員長とする審査委員会が融資先を決定しました。

日銀特融は、休業や廃業を逃れた銀行のみならず休業した銀行にも実施されましたが、当時の休業銀行は概してソルベンシー不足であったことが知られています。[11] 日本銀行は、特融を通じて、ソルベンシー不足の銀行に対しても流動性をサポートする役割を担ったのです。こうした銀行救済は、バジョットの原則に反します。

現代、バジョットの原則には見直しが必要だと言われています。アメリカでは2008年の秋に議会前で金融機関救済に反対する集会が開かれました。納税者にとっては、中央銀行の資金、いわば税金を源泉とする資金を特定の銀行の救済に用いることには抵抗があります。しかし米国政府が公的資金投入をためらったため、リーマン破綻による危機を招きました。

実は、銀行の連鎖破綻を防ぐためには不健全な銀行も救済しておいた方が良い、という考え方が1980年代頃からあります。こうした方針の銀行救済を、too-big-to-fail 政策（大きすぎて潰せない）と言います。too-big-to-fail 政策は、通常ではバジョットの原則が良いとしつつも、銀行危機という深刻な事態が生じた場合には、不健全な銀行でも救済候補とする措置です。

通常は健全な銀行にのみ流動性面でのサポートを行うが、銀行危機という異常事態では不健全な銀行も救済するという「場合分け」の措置が、経済学では正解とされます。そして通常状態の時点と異常事態の時点とでは、正解となる策について整合がとれないという意味で、「最後の貸し手」による銀行への流動性サポートは、「**時間的不整合**性がある」と表現されることがあります。

このように「最後の貸し手」は、資金をサポートする際には、銀行システムが通常と変わりない状況か、異常事態が生じるのか、難しい判断に迫られます。昭和金融恐慌後の日銀は、時間的不整合性というこの厄介な問題に対し、休業銀行を救済するなど不健全経営の銀行を救済することで危機の再発を防止するという策に打って出たのです。そしてその結果として、騒動はひとまず拡大せずに済んだのです。

銀行危機を防ぐ「事後的措置」（預金保険制度）

預金保険制度は、預金に保険をかけておく制度であり、万が一銀行が経営破綻に陥ったとしても預金者が手元に現金を確保できるようにしておく仕組みです。全額保証するタイプの仕組みもありますが、現在の日本では元金および利子を含めて１０００万円までの預金および利子が保護の対象です。このような措置をルール化することで、現金に対して預金者が急激に需要を高める、つまり流動性リスクが高まる要因を銀行システムから除外しているのです。

預金保険制度の視点から見ると、昭和金融恐慌時の制度的枠組みや政策対応はネガティブな評価となります。預金保険のセイフティネットについて制度整備が一段落するのは、１９５０年代のことです[12]。先ほど説明したように、昭和金融恐慌後には休業銀行も日銀からの流動性サポートを受けていましたが、実はこの日銀特融を受け入れることのできた休業銀行では、預金切り崩しを行うなど、預金者保護とは程遠いことがなされていた実情がありました[13]。

このように昭和金融恐慌は、プルーデンス政策の枠組みとしては制度的に不備を抱えるなかで生じたのです。そして資金仲介機能に対してのみならず、流動性供給機能に対する信頼も失墜することで騒動が拡大しました。

こうした混乱を経て、１９２８年施行の銀行法を大きな転機として、事前的措置の面でも事後的措置の面でも、制度整備を徐々に進めることになったのです。

本章のまとめ

銀行危機あるいは金融危機は、21世紀になってもなお発生しています。そして近年、金融危機の発生は従来と違った意味を持ち始めています。

２０１３年のキプロス共和国での金融危機では、富裕層が流動性を確保したのちに、その逃避先として選んだのがビットコインだったのです。つまり金融危機が暗号通貨の普及を促している側面があるのです。

今後の国際金融情勢がどのように変貌するかは分かりません。だからこそ、金融危機のメカニズムや歴史についての知識は、ビジネスパーソンにとって重要な素養になっていくものと考えられます。

第5章 取引コストの経済学

introduction

社会の非効率を生み出す取引コストとは？

「働き方改革」を通じて、働き方あるいは働かせ方をめぐる議論が活発になってきました。活発になった背後事情として、過労死や自殺などの悲しい出来事が相次いで話題になったことが挙げられます。「ブラック企業」とも称される、過酷な労働環境の改善を望む声が高まったのです。

人はインセンティブで動きます（第2章参照）。しかしインセンティブの与え方に失敗すると、働かせる側の思惑通りにならないだけではなく、働く側の生き様や尊厳が侵されます。たとえば組織に効率化の視点は不可欠ですが、ただ人件費削減というかたちでコストカットをすると、働くモチベーションを低下させるだけでなく、その帰結として、過酷な労働環境のもとで命を絶つような悲しい出来事も起こりかねません。そして、それが望ましいことではないと分かっていながら、突破口を見出せない企業が少なくないことも現実です。

本章では、組織の効率化と、そこで働く人のインセンティブについて考えるために、徳川吉宗の享保改革を取り上げます。吉宗は１７１６（正徳６、享保元）年から１７４５（延享２）年まで将軍の座に就いていました。そして亡くなる１７５１（寛延４）年まで大御所（将軍前任者）として、事実上、政権運営を手にしていました。その基礎固めとして徳川政権という組織の改革が、享保（１７１６年から１７３６年）の時期に相次いで実施されました。

結論から言えば、吉宗は、経済学でいう取引コストと呼ばれる非効率性を削減することによって組織の効率化を達成したのです。それは、人員削減あるいは給与カットとといったコストカットとは全く異なる組織改革でした。そこで本章では享保改革を例に、「取引コストの経済学」と呼ばれる分野の基本的枠組みをご紹介します。

なお本書では、「徳川時代」という表現を用います。徳川家康が征夷大将軍に就任したのが１６０３（慶長８）年、第15代将軍慶喜による大政奉還が１８６７（慶応３）年のことです。江戸城を拠点とする徳川家が全国市場を支配していたこの２６０年近くの期間を、本書は「江戸時代」ではなく「徳川時代」と呼びます。

三井高利と荻生徂徠の共通点
——取引コストの正体

取引コストとは、市場取引や組織内のやりとりで生じるコストのことを指します。取引コストを削減することは、組織の効率化、さらには経済発展の原動力となることが知られています。そのためにも、どのような要因で取引コストが発生するのか、そのメカニズムを把握することが取引コストを削減する糸口になるのです。

商慣習の非効率性に着目した三井高利

取引コストを理解するために、最初に2つのトピックをご紹介します。まずは徳川時代に三井家の礎を築いた三井高利の商法についてです。

高利は、「店前売り《たなさき》」による「現金掛値なし（現金払いでの定価販売）」という商法を呉服業に導入しました。この高利の商法は、17世紀の特に前半までの呉服業界の商慣習から見ると斬新なものでした。

三井高利（1622-1694）。
画像：三井高利夫妻像　公益財団法人三井文庫所蔵

呉服業でのそれまでの商慣習としては、得意先に足を運び、相手との交渉で売値を決め、代金を後日ツケ払い（掛け払い）で払わせることが主流でした。高価な衣服を販売するため、格式の高い相手とのみ取引し、格式の高い相手だからこそあえて信用し、ツケ払いで購入してもらっていたのです。ただし、ツケを支払わずに踏み倒す客がいたため、店側はリスクにさらされていました。そして店側は、この損失を回収できるよう販売価格を上乗せしていました。

高利が始めた「店前売り」とは、店頭販売のことです。店内に商品を揃えて定価も表示しておきます。気に入った品物があるならば誰もが気軽に買えるよう、定価通り現金で販売できるようにしたのです。これが「現金掛値なし」です。

この方法は、店内に常にそれなりの数の商品を揃えなくてはならないので、従来の商慣習から見れば無駄なことをしているようにも思われました。しかし即座に現金として決済してもらえることから客による踏み倒しもありません。そのことで仕入先に対して即座に支払いができたので、品揃えしやすくなったのです。また、顧客に代金を踏み倒されるリスクがなくなったため、販売価格も安く設定できました[1]。

「店前売り」は、店側にとっては商品の品質と価格を知らせる手間を省ける方法であり、客側にとっては気軽に購入できる工夫でした。このため、新たな層（セグメント）を開拓することができたのです。

もっとも、高利は業界の非難を浴び、不買運動に見舞われます。それほどまでに、彼の新商法は同業者の脅威だったのです。

組織メンバーのやりとりに着目した荻生徂徠

2つめのトピックは徳川吉宗のブレーンである儒学者、荻生徂徠《おぎゅうそらい》の言葉です。彼は武士の業務に関して留帳《とめちょう》（業務内容マニュアル）が整備されていないことを問題視します。

「何れの役にも留帳これ無く。これ宜しからざる事なり。大形は先例・先格をそらに覚えて取り扱ふ故、覚違ある也。留帳に類分を仕置時は、手間不取、知るる事なり……（中略）……又新役に器量の者ありても、独りたちて思ひ入れ御奉公をすることならず。これ留帳なき弊なり。留帳あらば、新役にても、その帳面にて役儀の取り扱ひ相知るるゆえ、御役仰せ付けられたる明日よりも、役儀勤まるべし」

（平石直昭校注『政談　巻三　人の扱（服部本）』平凡社、166-167ページ）

（意訳）「あらゆる役職で留帳が作成されないのは、感心できないことです。先例をうろ覚えのままにするケースが大半ですから、覚え違いが生じてしまいます。留帳があれば、手間をかけることなく確認しあえるものです。……（中略）……有能な者が新しく役職に就任したとしましても、ひとりで仕事ができるわけでもありません。留帳がなければこうした弊害が起きます。留帳があれば、新たに役職についた者も業務内容を互いに把握でき、任命された翌日にでも業務を遂行できます」

業務内容に関する知識や情報がシェアされていないこと、荻生徂徠はその弊害を問題視しています。留帳がなければ有能な者でも仕事ができないと言っているのです。

荻生徂徠（1666-1728）。徳川中期の儒学者。
画像：『先哲像傳 近世畸人 百家琦行傳』有朋堂書店
public domain

組織内で、業務内容に関する知識や情報が誰にも把握できない状況、あるいは相互に確認を取ることが困難な状況では、スムーズなやりとりがしにくくなります。荻生徂徠は、組織メンバー間のやりとりで生じる無駄を削減する工夫が足りないことを指摘しているのです。

取引コスト＝以心伝心になれないコスト

相手と交渉する、相手と契約を交わす、契約内容について相手と確認しあうなど、取引には様々なプロセスがあります。これら一連のプロセスで生じるコストを**取引コスト**と呼びます。[2] 経済学において、価格形成のプロセスでコストが発生するという視点は、取引コストという言葉ができる以前から議論されていました。

人間どうしが以心伝心になれることはむしろ珍しいはずです。そして以心伝心になれないために生じるコストが取引コストです。

市場取引であれば、価格をアナウンスして売り手と買い手が実際に出会って取引を実行するためにコストがかかってしまいます。三井高利は、このような取引コストが呉服業の商慣習で生じていることに着眼して「店前売り」を実行したわけです。

組織内取引であれば、組織活動の計画と実行に必要な情報を組織メンバーに伝達する際にコストがかかります。荻生徂徠が着目したのは、前任者からの引き継ぎがうまく行き渡らないという事態です。

三井高利にせよ、荻生徂徠にせよ、いずれも取引コストを削減するためのアイデアを思いついたことになります。以心伝心になれないとはいえ、何らかの工夫を通じて取引コストを削減することはできます。もしも何らかの工夫を通じて取引コストを節約でき、従来から得ていたメリットを損なわずに済むのであれば、それは効率化とみなすことができます。

通信技術の発達によって情報が入手しやすくなることは、効率化の一例です。あるいは司法機関など、**エンフォースメント**面での制度整備が進むとすれば、取引に際して裏切り行為を防ぐ工夫を当事者が負担せずに済みます。こうした制度整備も取引コストの面での効率化と言えます。

取引コストの節約が実現することは、取引当事者が余分にコストをかけなくて済むようになるということです。取引コストの節約を通じて市場取引や組織内取引が円滑に、かつ活発に行われるようになることは、経済発展の原動力となります。[3]

取引コストの発生要因

取引コストの発生要因は、取引当事者に関する2つの要素と、取引そのものに備わる3つの要素とに分解できます。[4]

まず取引当事者に関してですが、2つの要素が考えられます。以心伝心になるには人間の側に2つのハードルがあると言い換えることもできます。

第1のハードルが限定合理性です。取引当事者は、取引を終えた後に後悔しないよう、納得のいく取引をしようとします。つまり合理的に取引をしようとします。しかしながら、その判断は、互いに限られた情報のなかで持ち合わせの判断力によってなされるものです。「取引コストの経済学」では、取引当事者は何らかの制約や限界に直面しながら合理的な判断を下そうとするものとみなします。このことは、取引当事者について限定合理性の仮定をおく、とも言い換えられます。取引当事者が限定合理的ということは、以心伝心のように意思疎通するにはコストが生じてしまうということです。

第2のハードルが、取引当事者の**日和見な行動**（機会主義的行動）です。これは、取引において**コミットメント**が欠如しがちであるということです（第2章「律令制が衰退した原因はどこにあるのか」参照)。

会社の上司が部下に対し「今度の冬のボーナス、引き上げるからみんな頑張れよ」と言ったとします。部下の社員さんたちがその言葉に刺激されて仕事を頑張ったとしましょう。ところがボーナス支給を前にして上司が「いや、ボーナスを引き上げるつもりでいたけど無理だった」と言ったら、皆さんはどう思いますか? ここでの上司の「ボーナスを引き上げる」という発言は、確約のないものですが、気まぐれ、あるいは日和見と呼ばれても仕方のないものです。おそらく部下からの信頼を失うことになります。

取引相手に、日和見な言動を繰り返す余地を与えてしまうと、意思疎通が難しくなります。以心伝心の意思疎通を実現するには、確約をとって日和見な行動を抑える必要がある点でもコストが生じるのです

また、取引コストは、取引当事者に関することだけでなく、取引そのものが持つ要素からも発生します。すなわち、取引対象となる案件や取引をめぐる状況そのものが以心伝心の意思疎通を妨げるということです。こうした要素が3つあります。

以心伝心の意思疎通を妨げる第1の要素は、不確実性です。つまり、先行きが不透明であれば、将来を含めた合意形成は難しくなります。

第2の要素として、取引対象となる物品や案件について、相手によって評価が変わる場合、やはり取引コストが生じます。例えば自動車会社が、下請け工場に対して特定のタイプの自動車にしか使えない部品を生産させた場合、親会社はその部品の価値が分かりますが、他の自動車会社はその部品に高い価値を見出せません。このように、技能や技術あるいは物品の性質について、特定の人たちにしかその価値が分からないことを「資産特殊性」と呼びます。

人事異動で部署が変わって、前の上司より今の上司の方が自分の仕事ぶりを評価してくれるようになった（してくれなくなった！）ということはありませんか。相手と意思疎通しようにも、ある案件の評価について理解を示してくれる相手が往々にして限られてしまうことが問題なのです。

さらに、取引コストをもたらす第3の要素として取引の目新しさ、つまりある特定相手とのやりとりについて経験が浅いことも、以心伝心の意思疎通を目指す上で壁となります。だから「お得意さん」や「常連さん」という、まさに取引頻度の高い当事者にしか得られないメリットが取引にはつきまとうのです。

「新役に器量の者ありても、独りたちて思ひ入れ御奉公をすることならず」という荻生徂徠の指摘も、この要素に着目していると言えます。

組織の取引コストを減らす「組織の記憶力」

組織全体で共有されている知識や情報の量、いわば「組織の記憶力」を高めることは、取引コストの削減につながります。しかしメンバー全員に、組織内のあらゆる業務に必要な情報や知識を身につけさせるには手間がかかります。それに、組織活動ではむしろ分業のメリットが追求され、各メンバーは何らかの特定業務のスペシャリストになることが要請されています。

であれば、分業化されたメンバーどうしで互いの担当業務を知りあうだけでも組織の記憶力は高まります。「誰もが何もかも詳しくなる」ことよりも、「誰が何に詳しいかをみんなが知っている」ことの方が組織の記憶力を高められる、ということです[5]。

荻生徂徠は「新役に器量の者ありても、独りたちて思ひ入れ御奉公をすることならず」と指摘していました。組織にはしばしばメンバー変更があります。新しいメンバーは「誰がどの業務に詳しいか」はもちろん、他のメンバーがどのような技術や考え方を持ち合わせているのかも詳しく知らないことになります。つまり新メンバーが加わることで組織内取引に目新しさが生じ、一時的に取引コストが拡大することになります。

そしてその都度組織活動として組織内取引が繰り返されるなか、メンバーのなかで業務の権限や責任をどのように配分すれば良いのか、組織自体が経験値を高めることになります。意思疎通を繰り返すなかで、どの案件を誰に相談すれば良いのか、あるいはどういう種類のプロジェクトを誰にサポートしてもらうべきか、組織のメンバーであればおおよそ見当がつくようになるわけです。

意思疎通、さらには権限と責任をどのようにするのか、企業組織が経験値を高めるなかで、メンバーの多くが組織活動のあるべき内容として、やがて同じような組織のあり方をイメージできるようになります。このことを、組織内の**フォーカル・ポイント**が見出される、と表現しておきます。組織活動においては、こうしたフォーカル・ポイントに関する意識共有、とりわけ組織内取引に関する過去の経緯についての知識をメンバーで共有できるかどうかが組織の効率化の鍵となります。[6]たとえば、新入社員を迎えるにあたっては、組織内のフォーカル・ポイントに関する知識や情報を先輩社員が幾度となく伝える、つまり過去の経緯についての知識を共有するということが重要になるわけです。

さて、徳川吉宗は将軍に就任した際に、まさに「新役に器量の者ありても、独りたちて思ひ入れ御奉公をすることならず」という状況に直面します。吉宗は、元々は紀州を所領としていました。その彼が将軍の座に抜擢されたのです。

取引コストだらけの就任直後の状況を、彼がどのように克服したのか。それについて次の第2節「吉宗はいかに政権運営の基礎を固めたか?」で解説します。そして、第3節「享保改革による取引コストの効率化」で徳川政権という組織内取引のコストを節約するために彼がどのような工夫を施したのかを説明します。

吉宗はいかに政権運営の基礎を固めたか？
——組織の取引コスト

徳川吉宗は将軍就任後、間部詮房や新井白石といった、それまで幕府を支えてきた重鎮を退けます。代わりに紀州時代の側近を自らの補佐役として招き入れます。彼らを重用したことで政権運営を円滑に進める基盤を確立し、同時に、家臣たちが格式にとらわれることなく将軍に意見できる体制を整えました。その過程を見ていきましょう。

吉宗の大抜擢と江戸城の2つの事情

徳川吉宗は、1684（貞享元）年、紀州藩藩主・徳川光貞の四男として生まれました。父や兄たちが相次いで亡くなり、吉宗は1705（宝永2）年紀州を治めます。その手腕が高く評価され、1716（正徳6、享保元）年、将軍職に大抜擢されます。

当時、江戸城には2つの事情がありました。ひとつは財政難です。金山・銀山の採掘事業が衰退局面に突入したことで、貨幣鋳造による収入や長崎を窓口とした貿易での鉱山輸出による収入があてにできなくなりました。[7] そのため財政面での才覚が将軍の素質として求められました。

さらにもうひとつ、幕臣（将軍を直接の主君として仕える武士）どうしの不和が問題となっていました。吉宗が将軍になる以前、間部《まなべ》詮房《あきふさ》が第6代将軍家宣の側用人《そばようにん》（御側御用人。将軍の意向を家臣に伝える役）として、新井白石が侍講《じこう》（将軍に学問を講じる役職）として政権を運営していました。しかし家宣亡き後、家継が4歳で第7代将軍に就任すると、幕臣の間で、月光院（家継の生母）を仰ぐ間部詮房・新井白石の一派と、天英院（家宣の正室）を仰ぐ反対勢力との対立図式が鮮明になります。

徳川吉宗（1684-1751）。
画像：徳川吉宗公肖像画　徳川記念財団蔵

こうした対立のなか、ある事件がおきました。大奥の管理職、御年寄の江島という女性が、歌舞伎役者の生島新五郎らと宴会を楽しんでいた夜に江戸城の門限に遅れてしまいます。綱紀粛正として彼女は島流しとなり、関係者の幕臣も処分されました（江島生島事件）。このスキャンダルを機に、天英院派が優勢となります。

その後、満7歳になる直前に家継は死去しました。後継者

江島生島事件
画像：芳年 Yoshitoshi『新撰東錦絵　生島新五郎之話』　古美術もりみや

として、間部詮房と新井白石は尾張（現在の愛知県西部）の徳川継友を推挙します。一方、天英院が紀州の徳川吉宗を推挙し、天英院派の幕臣がこれを支持します。

　このような江戸城内の様々な人間模様を経て、吉宗は将軍に就任したのです。[8]

家柄・格式にとらわれず紀州時代の家臣を抜擢

　吉宗は、財政難に直面しているという第一の事情を克服するためにも、幕臣どうしの不和という江戸城のもうひとつの事情の解決を図ります。

　まず吉宗は側用人を廃止し、間部詮房と新井白石を解任します。代わりに紀州時代の側近であった小笠原胤次《おがさわらたねつぐ》、有馬氏倫《ありまうじのり》および加納久通《かのうひさみち》らを抜擢します。身の回りを世話する小姓衆や小納戸衆といった役職も、紀州時代からの家臣も江戸城に召し出されました。幕臣どうしの不和を抑え、気心の知れた家臣を周りにそろえたのです。

小笠原胤次、有馬氏倫および加納久通らを江戸城に召し出すにあたり、吉宗は御用取次（御側御用取次）という役職を新たに設けました。この人事は異例でした。将軍の側近となるためには、それなりの「知行高《ちぎょうだか》」もしくは「譜代《ふだい》」という血筋が必要とされていたからです。これら２つの用語を説明しておきます。

知行高というのは、武士に与えられた軍役負担のことで、その大きさに応じて知行地もしくは俸禄米として俸給が与えられました。単位は石（１石＝約１８０リットル）です。１万石以上の知行地が与えられた武士を大名と言います。１万石以下の場合、将軍にお目見えできる者が旗本、できない者が御家人とされました。大名は親藩（徳川家康の男系男子の子孫）、譜代（関ヶ原の戦い以前から忠誠が認められていた家）、そして外様の３つに分けられました。外様は要職には就けない代わりに高い知行高が与えられました。[9]

徳川政権が成立した当初、譜代であることが将軍をサポートする３つの要職、大老・老中・若年寄に就任するために必要な原則とされていました。そしてこれら３つの役職が核となって官僚機構として幕僚組織が形成されます。大老は、非常事態における将軍補佐の最高役職で、通常は老中と若年寄が官僚機構の中心です。老中は大名の統率、若年寄は旗本や御家人の統率にあたります。

老中は譜代であるだけでなく知行高5万石以上という条件も目安とされました。老中の下に置かれた京都所司代（京都の治安維持）、大坂城代（大坂城の守護と西国大名の監視）、そして寺社奉行（寺社の管理）といった役職も譜代から選ばれることが原則とされました。ただし老中の従える役職のなかには、町奉行（江戸・大坂・京都担当）、大目付（大名・朝廷の監視）、あるいは勘定奉行（天領担当）のように旗本から選ばれるものもありました。

御用取次に就任した当初、有馬氏倫と加納久通は、それぞれ1300石、1000石と旗本クラスでした。いずれも間部詮房（当時の知行高は5万石）ほどの知行高はありませんし、まして譜代のような家柄の出身でもありません。しかし吉宗は、御用取次を設置することで、家柄や格式にとらわれず将軍とやりとりできる体制を整えたのです。

活発になる幕臣の意見交換

図表5－1[10]は、1717（享保2）年から1724（享保9）年の期間において、御用取次と老中が下達（将軍の法令案を家臣に伝える）および上申（実務に就く旗本ク

(図表5-1)将軍側近の担当した下達・上申の件数(享保2年－享保9年)

		享保2	3	4	5	6	7	8	9
下達	老中・若年寄	11	22	29	29	37	22	16	3
	御用取次	0	4	0	10	3	3	1	0
上申	老中・若年寄	2	3	5	9	15	11	16	3
	御用取次	0	4	3	22	32	26	22	10

出所:深井(1991)78ページ

ラスの家臣の法令案を将軍に取り次ぐ)を引き受けた件数の推移を示したものです。大岡忠相《おおおかただすけ》(後述)がまとめた『撰要類集《せんようるいしゅう》』という文献で法令ごとに成立経緯が記されており、そのなかで老中・若年寄および御用取次が下達・上申に関わったもの(大岡忠相が把握できたもの)がカウントされています。もちろん、案件ごとに重要性や仕事量は異なるのですが、ここでは便宜的に各案件で1件あたりの仕事量が似通っているとみなしておきます。

さて図表を見ると、下達についてはいずれの年次も老中・若年寄が優勢です。ただし上申については御用取次が1721(享保6)年を前後して拡大しています。その規模は、老中・若年寄の倍以上にもなります。このことから、御用取次を介することで、旗本クラスの武士が将軍と頻繁にやりとりできていたことがわかります[11]。

間部詮房と新井白石らを解任し、御用取次に紀州時代の家臣を抜擢したことは、将軍側近の不和を解消するだけでなく、幕臣どうしの活発な意見交換をもたらしました。吉宗は、このような政権運営の基礎固めを将軍就任時に済ませたのです。

「権現様」を組織内のフォーカル・ポイントに

吉宗の将軍就任に関しては「諸事《しょじ》権現様《ごんげんさま》御《おん》掟《おきての》通《とおり》」が宣言されたこともしばしば強調されます。この宣言は、権現様、つまり東照大権現として祀られた家康に従うという方針をアナウンスしたものです。将軍就任時に吉宗がこのような文言で宣言をしたかどうかについては、史料面で疑問視する声もあります[12]。しかし、趣味の鷹狩りをはじめ、吉宗が家康の様々な行動規範を手本としていたことは間違いないものとされています。

つまり吉宗の時代、家康の方針に従うということが、徳川政権内の**フォーカル・ポイント**となったのです。

吉宗にとって、間部詮房や新井白石などの将軍側近を中心とする政治体制から将軍独裁体制へとシフトするには、様々な調整が必要でした。その調整過程で将軍の権威を高める手段として、家康神格化が図られたのです[13]。この家康神格化は、従業員の団結を図って創業者一族が代表取締役に就任して経営再建に臨むケースと似ています。

こうして吉宗は、財政難という江戸城の懐事情を解決する下準備として、紀州時代の家臣抜擢、さらに家康神格化など、共通のビジョンのもと組織メンバーがやりとりできる基礎を固めていったのです。

享保改革による取引コストの効率化
——全国的な取引コスト削減

本節では、吉宗が取引コストのカットにより効率化を達成した際に、決して人件費をおしなべてカットしていたわけではなかったことを見ていきましょう。また、吉宗の改革が、徳川政権という組織における取引コストを節約しただけではなく、村落社会や商取引における取引コストなど、全国レベルで効率化を達成したことについても解説します。

綱吉のコストカットとの違い

現代においても、公務員であれ民間企業であれ、財政難を克服するためには、組織改革において、しばしばコストカットと称した人件費削減を求める声があがります。それは具体的には給与の削減もしくは解雇として行われます。

例えば徳川政権で言えば、第5代将軍綱吉もコストカットとして人員削減に着手していました。具体的には、会計遅延あるいは年貢未進（未納）が著しい51名の代官（任地で事務を担当する地方官職）が免職もしくは死罪とされました。不正役人の排除を通じて人員を削減したのです。[14]

これに対して吉宗は、効率化、つまり徳川政権内における取引コストの削減を通じて財政難を乗り越えようとしました。享保改革は、勘定所（財政および民政を担当する機関）の組織改革が本丸だったと言えます。

ここで注意すべきなのは、勘定所の改革において、人員削減がメインだったわけではないという点です。１７２３（享保８）年、勘定所の人員は１３０名でしたが、１７３３（享保18）年には１８６名へと、10年間でむしろ増えています。[15] 吉宗は、綱吉のように解雇などのペナルティをチラつかせてはいないのです。

金銭的インセンティブを重視した吉宗

吉宗は、勘定所の組織改革において、昇給・昇進の機会を拡大するなど、金銭的**インセンティブ**を与えることを重視しました。歳出を削減するのではなく、官僚機構の成果を引き上げることを狙ったのです。

とりわけ旗本クラスの武士をターゲットとして、昇進や昇給の機会を広げる人事制度として導入されたのが足高《たしだか》の制です。足高の制とは、有能と思われる人物の知行高を役職の就任期間のみに上乗せする、つまり一時的に足す制度です。1717(享保2)年に若き日の大岡忠相が江戸町奉行に抜擢されたのも足高の制の適用を受けてのことでした。

徳川時代、武士は功労が認められると恒久的な知行高の加増を受けました(関ヶ原の戦いで戦功があった大名も加増を受けていました)。知行高によって役職が定められていたので、加増は武士に昇給・昇進のインセンティブを与えるはずでした。しかし、加増による俸給の恒久的な上乗せは、徳川の財政を圧迫します。加増の行き詰まりゆえに、綱吉は人員削減を断行していたのです[16]。

足高の制では、知行高の引き上げは在任期間という一時的なものです。吉宗は、恒久的な歳出増を避けてインセンティブを与える工夫を施したのです。なお、吉宗の将軍在任時の加増は、有馬氏倫と加納久通さらに大岡忠相といった要職に対して例外的に与えられました。

また、大岡忠相が足高の対象として抜擢された

大岡忠相像(1677-1752)。徳川中期の幕臣。
画像:国立国会図書館蔵　public domain

ように、足高の制は実例つまりは前例を作り出すことにも大きな意味があります。前例がない限りは努力することに半信半疑になる武士が現れてもおかしくはありません。能力が認められれば昇給を実現できることを確約したことに、足高の制の本質がありま す。こうした確約がなければ、**モチベーション**に刺激を与えることが難しいのです。

つまり、例えば大岡忠相を抜擢したことは、大岡忠相本人のモチベーションを引き上げたこと以上に、他の旗本クラスの武士にも夢と希望とインセンティブを与える措置でもあったのです。制度は、適用例が人々に認識されてこそ効果を発揮するのです。

幕僚機構に生じていた取引コスト

綱吉のように解雇を通じて歳出をカットするのではなく、むしろ金銭的インセンティブを積極的に与えようとしたことは、もちろん、実りある成果を見込んでのことですが、その一方で吉宗は、歳出を削減する、あるいは歳入を増やすための別の策も取り入れる必要がありました。

まず吉宗が改革を実施する以前の幕僚組織の基本的枠組みを説明します。その仕組みにどのような非効率が生じるのかを見ていくことにしましょう。

当時、徳川政権では、合議制の原則が打ち立てられていました。例えば老中は数名選出されていますので、特定の老中が単独で行動することは名目上はできません。また、寺社奉行は３名から４名、そして町奉行は江戸・大坂・京都にそれぞれ２名選出されました。勘定奉行にも数名が選出されていました。そして選出された場合、同じ役職であれば権限は同等とされ、いずれの役職にも単独個人に権限が集中しないために合議制が原則とされたのです。

寺社奉行は寺社に関する行財政と司法を担当します。江戸町奉行、大坂町奉行、そして京都町奉行は江戸・大坂・京都の行財政と司法の双方を担当します。その他の直轄領内での行財政ならびに司法を担当していたのが勘定所です。勘定奉行はこの勘定所の長官です。勘定奉行の部下として、勘定吟味役・勘定組頭・勘定・支配勘定などの役人が勤務します。

さらに幕僚機構のメンバーには、月1日から15日もしくは15日から30日、という15日当番制（もしくは１ヶ月交代制）が採用されました。ある特定の武士が長期間にわたって業務にかかわらないように次々と交代するようにしていたのです。これらの仕組みがうまくいけば、幕僚機構のメンバーは様々な業務内容に精通するかもしれません。

こうした幕僚機構にどのような非効率が生じたのか、お分かりでしょうか。たとえば当番制のもとでは、勤務期間を過ぎてまで業務の責任をとろうとはしないインセンティブが作用します。そのため、権限と責任に関してメンバー間が確認を取りにくい状況が生まれていたのです。当時、こうしたことが原因で様々な行政・裁判手続きの案件が遅延あるいはペンディングとなる事態が続発します[17]。幕僚機構は、吉宗が将軍の座に就くまでに、著しく**取引コスト**がかかる組織となっていたのです。

どの程度のペンディングが生じていたのか、ペンディングがどれほど深刻だったのかを確認しておきます。幕僚機構の一部にすぎませんが、ここではその一例を示すものとして、町奉行（単に町奉行という場合は江戸町奉行を指します）について具体的に把握できるデータを見ておきます。

1718（享保3）年の時点で江戸町奉行の訴訟総数は4万7731件、そのうち金銭トラブルは3万3037件を数えました。同年に江戸町奉行が処理できたのは1万1651件です[18]。訴訟件数がこれだけ増えるということは、人々がトラブル解決のために徳川家に頼っていたことの表れとも言えます[19]。人々のこうした期待に対応するためには、町奉行は訴訟案件数であと4倍以上の事務処理能力を備える必要があったのです。

幕僚機構の改革による取引コストの節約

では、吉宗がどのように幕僚機構の取引コストを節約できたのか、町奉行の金銭訴訟案件にフォーカスしながら確認していきましょう。なぜ金銭訴訟の案件にフォーカスするのかと言うと、先ほど当時の訴訟件数を紹介しましたが、金銭訴訟の受付がゼロになれば、他の案件は概ねペンディングせず処理できる計算になるからです。

1719（享保4）年11月、江戸の市民に対して相対済令《あいたいすましれい》がアナウンスされました。相対済令とは、金公事《かねくじ》（金銭訴訟案件）について当事者同士の示談を促したものです。相対済令は江戸周辺を対象とした法令であり、債務者が債権者にとって遠隔地である（債権回収が困難である）場合に奉行所が債権者をサポートするなど、債権者保護の姿勢が打ち立てられていました。[20]

ちなみに、徳川政権下では、約20年に1度の割合で相対済令が出されています。[21] ですので吉宗オリジナルの政策ではありませんが、享保改革における幕僚機構の一環として実施されました。

また、債権者保護を徹底する一方、町奉行をはじめとする幕僚機構の立て直しに取り掛かります。吉宗のイニシアチブのもと、勘定所は公事方（司法）と勝手方（行財政）とに区分されました。勘定奉行、そしてその次官にあたる勘定吟味役もまた、それぞれ公事方と勝手方とに分けられました。公事方は訴訟を担当し、勝手方は年貢・普請・出納・知行を担当します。幕僚機構のメンバーは司法と行財政のいずれかに専念することになります。

このように、個々のメンバーが幅広い業務に精通しなくてはならない仕組みから、各々が特定の業務に専念できる仕組みへと立て直すことに享保改革の核心があります。つまり吉宗は、組織の記憶力を改善することで組織活動の効率化を図ったのです。

直轄領に関しても、同様に立て直しが図られました。それまで各地域ごとに担当者があらゆる分野を一手に引き受けるかたちをとっていた従来の仕組みが廃止されます。1723（享保8）年には直轄地における業務が6分野（御取箇《おとりか》改《あらため》、諸向御勘定帳《しょむきおかんじょうちょう》改《あらため》、御代官品々伺書吟味、御殿詰、御勝手向納払御用、吟味役《ぎんみやく》）に区分されます。幕僚メンバーが増員されたのもこうした新設の役職ができたことによるものです。特定業務に取り組むスペシャリストが責任を持って業務に専念するようにさせることで、業務の遅延を避けたのです。[22]

吉宗は、このように組織改革し、それぞれの仕事に専念させました。このような改革を通じて、幕僚機構は組織の記憶力を高めるとともに、取引コストを節約できるようになったのです。

公文書のアーカイブ化による組織の記憶力の向上

ある時代のある国の省庁では、公文書を改ざんし、これを別の省庁に指摘されて謝罪に追われるということもあったようです。それはさておき、吉宗は官僚機構を整備するなかで、公文書の整理・アーカイブ化あるいは業務内容のマニュアル化も進めていきました。その目的は、必要時あるいは緊急時に必要な情報がどこに記録されているのかを幕僚機構内でシェアできるようにすることでした。

例えば寺社奉行では公文書を利用状況に応じて「現用文書」と「保存文書」とに分けるようになりました。前者は御用箱に保存されます。後者は目録を作成してこれを添えて年番箪笥《ねんばんたんす》で保存します。すなわち、今後しばらくの間に必要な文書だけが御用箱に収められるのです。利用頻度に応じて公文書を管理することで、文書を利用する際の手間を節約できるようにしたのです。寺社奉行と同様に町奉行においてもアーカイブ化が進められ、その管理システムが整備されました。[23] こういった整備を通じてどこにアクセスすれば知りたい情報が手に入るのか、アクセス先についての知識が組織内で共有されるようになったのです。こうしたことも、幕僚機構の記憶力を高めるとともに、取引コストを削減することに寄与したのです。

また、公文書整理ということでは、『公事方《くじがた》御《お》定書《さだめがき》』の編纂、あるいは『御触書《おふれがき》寛保《かんぽう》集成《しゅうせい》』の編纂という二大プロジェクトも同様の趣旨で実施されました。

『公事方御定書』は、吉宗が松平《まつだいら》乗邑《のりさと》あるいは大岡忠相ら重臣たちに編纂させた裁判手続きマニュアルです。上巻が基本法令、下巻が判例に基づく刑事法令となっています。とりわけ裁判において重宝されたのは下巻の判例です。「御定書百箇条」というような通称があることからも、いかに現場で広く重宝されたのかが窺えます。

『御触書寛保集成』は、吉宗が老中松平乗邑に整理させた御触書（法令）のまとめです。後に徳川政権では『宝暦集成』『天明集成』、そして『天保集成』といった御触書集成プロジェクトが実施されています。吉宗はその先駆けとして法制度の文書整理を行わせたのです。[24]

1729（享保14）年、吉宗の相対済令は廃止されます。廃止しても町奉行が管轄する直轄領支配には影響がないものと判断されたのです[25]。先ほど「町奉行所は訴訟案件数であと4倍以上の事務処理能力を備える必要があった」と言及しましたが、それに匹敵する体制が整備されたのです。

吉宗の幕僚機構改革は、相対済令が出されてから廃止されるまでの10年ほどの期間をかけて基礎固めが行われたものと考えられます。すなわち、10年ほどで幕僚機構における取引コスト問題は相当程度に解決したものと考えられます。

公事方御定書
画像:公事方御定書及附録例書　東京大学法学部法制史資料室所蔵

全国レベルでの取引コスト削減

徳川政権の財政収支について、吉宗は相当程度に再建できていたことが歴史研究では評価されています。1730（享保15）年に徳川政権内で作成された「酉年《とりどし》御物成《おものなり》米金銀」を調査した研究があります[26]。これによると、米による出納では、歳入は85万4240石、歳出が59万2998石とあり、26万1242石の黒字です。貨幣による出納では、歳入は78万8752両、歳出が73万1167両とあり、5万7585両の黒字です。綱吉の時代に年間20万両の赤字が累積していたことと照らし合わせると、吉宗の一連の改革は財政健全化に健闘したものと評価されています。

こうした財政再建の背後事情として、民間部門が活性化したことも指摘できます。ここで注目すべきことがあります。吉宗の改革は、幕僚機構のみならず、徳川政権下の日本全般について見ても、取引コストの削減を導くものだったということです。

ビジネス面で深刻な取引コストのひとつとして、相手の裏切り行為を防ぐための強制力、**エンフォースメント**をどのように設定するのかという問題があります。本章第1節「三井高利と荻生徂徠の共通点」で説明したように、司法制度が発達することは、エンフォースメント面での取引コストの削減につながります。

もともと徳川政権は、村落における金銭訴訟に関して内済《ないさい》(裁判行為を当事者や当事者等の属する共同体内の調停に委託すること)を優先していました。たとえば農地を担保とした金銭貸借のトラブルは村落秩序にも悪影響を与えかねません。そのため村落内のローカルルールを尊重し、当事者どうしが納得のいく解決策があればそこに着地点を見出そうとしていたのです。その際に村落内だけで返済を徹底できないなら、債務者の身柄を拘束するために手鎖あるいは押籠《おしこめ》(自宅幽閉)などを公的措置として講じるものと定められました。債権者保護が徹底されていたのです。[27]

こうした枠組みに対し、吉宗は相対済令を通じて債権者保護の姿勢をさらに徹底させます。すなわち、債権者が負担するエンフォースメント面での取引コストをさらに低下させたのです。エンフォースメント面での制度整備が進むことで金銭取引は活発となり[28]、それは、やがて運上・冥加金《みょうがきん》（営業税）の増収というかたちで歳入面を潤すことにもなりました。

徳川政権の歳入面の核となるのは、やはり年貢（正確には本年貢）です。商業部門が活発化し、商家の手元で資金が潤うようになったことを受けて、吉宗はこうした資金を農業部門に向けるように工夫を施しました。１７２２（享保7）年、江戸日本橋に高札が立てられます。都市の商人に、新田開発の資金提供を呼びかけることで、農地拡大とともに増収を図ったのです。

このとき、年貢の徴収方法として検見取法《けんみどりほう》から定免法《じょうめんほう》へのシフトを図りました。

検見取法は、検見、すなわち実際に生産状況をチェックし、実収量に応じて徴収する量を決定する方法です。検見を行う役人の裁量に委ねていましたので、村落の側としては接待もしくは交渉のための取引コストを負担しなくてはなりません。賄賂も相当程度に横行していたものと考えられます。

これに対し定免法は豊凶に関わりなく過去の実収量から今後数年の徴収量を一定とする方法です。検見取法を廃して定免法を取り入れることは、年貢米の量を安定化させることにつながりました。それと同時に村落には役人をもてなす必要がなくなり、取引コストが節約できます。[29] このことにより、村落自治の結合度あるいは団結力が強まったものと考えられます。

しかしながらその結果として、1720年代から1740年代にかけて百姓一揆が増加している[30]ことは、なんとも皮肉なことですが。

本章のまとめ

徳川吉宗の享保改革は、人件費カットを主眼とする支出削減ではなく、むしろ人件費については金銭的インセンティブを積極的に与えるものでした。人件費カットではなく、取引コストのカットにより組織の効率化が進められたのです。

また吉宗の改革は、歳出を抑えるだけでなく、改革を通じてエンフォースメント面での制度整備を進めたことで、商業部門や村落社会での取引コストも削減しました。

もっとも、歳出を抑えるための策として倹約令を通じて歳出削減のみならず消費の低迷も招いたことでは、享保改革が経済を潤したとは言えない側面はあります。吉宗の改革は、こうした消費低迷が強調されがちではありますが、コストカットを進めるなかで人件費については金銭的インセンティブを死守した点は、現代のビジネス現場でも重要な参考材料となるように思われます。

第6章

プラットフォームの経済学

introduction

古くて新しいプラットフォーム・ビジネス

近年、プラットフォーム・ビジネスが進展しています。プラットフォームとは、取引するプレイヤーどうしの出会いの場です。フリマアプリ（出品者と購入者）、ショッピングモール（小売店と消費者）、ＳＮＳ（情報の発信者と受信者）、オンライン対戦ゲーム（戦うプレイヤーたち）、あるいは雑誌広告（広告主と読者の接点）が好例です。

プラットフォームの登場は、生産者が消費者に直接販売しながらニーズを把握できるＢ２Ｃ（business to consumer）、あるいは顧客どうしのＣ２Ｃ（consumer to consumer）といった新しい形態の取引を呼び起こしました。また、プラットフォームを活用したＢ２Ｂ（business to business）も登場しています。

ただし、課題もあります。フリマアプリでは、その悪用がしばしば問題となります。盗品が出品されるケースは少なくありません。あるいは現金が出品されることもあります（犯罪行為で得た現金を洗浄する思惑、あるいはクレジットカードで現金を購入させて債権を拡大させる意図などが懸念されました）。ユーザにとって安心できるプラットフォームを提供するにはどうすれば良いか、これはきわめて重要な現代的課題です。

本章は、鎌倉・室町時代から戦国時代にかけての商業の歴史を取り上げながら、「プラットフォームの経済学」についてご紹介します。歴史を素材としてプラットフォームを議論することで、プラットフォームにおいて、いかにエンフォースメント（契約内容を履行させる強制力）が重要であるかを学んでいくことにしましょう。

第1節では、楽市・楽座を実施する以前の商業の歴史、商人のインセンティブについて解説します。第2節では、織田信長の加納楽市令を例に挙げてプラットフォームの経済学について学びます。第3節では、信長をはじめとする戦国大名の商業政策全般のなかで楽市・楽座を捉え直します。

なお本章執筆に際しては、歴史学者の呉座勇一・丸島和洋の両氏から多大なご教示を得ています。お二人に感謝します（何らかの誤りがあれば、筆者の責任です）。

商人と座の誕生
――日本の「商売」の原点

鎌倉・室町時代における商業の歴史を通じて、本節では2つのことを学びます。ひとつは、経済において商人がいかなる役割を果たしていたかという点です。また、当時の商工業者は座という集団を形成しており、この集団内の慣行を通じて、私的な集団において約束内容を果たすための強制力、エンフォースメントが形成されていた点を学びます。

商人の役割

近年のB2C（business to consumer）は、メーカーが顧客と直接取引できる利点に着目した取引形態です。これは、双方が**プラットフォーム**という出会いの場を利用することで実現できる取引形態です。このようなプラットフォームは、卸売業者もしくは小売業者といった商業部門が果たしてきた役割を引き継いでいるものと言えます。

では、卸売業者もしくは小売業者といった商業部門が、過去の歴史上、経済でどのような役割を果たしているのかを考えてみましょう。経済学において「商人」という存在がどのように位置づけられるかが、プラットフォームを議論するための出発点になるのです。

さて、広報や販売促進そして接客といった業務をメーカーがすべて行うとすれば、生産活動に専念しにくくなってしまいます。同時に、顧客の側も、数あるメーカーのなかから欲しい製品を提供してくれる相手を自分で探さなくてはなりません。すなわち、双方とも取引相手を見つけるための努力が必要になるのです。このような、取引相手を探すために要する手間や負担を**サーチ・コスト**と言います。

ここで、メーカーと顧客の間に商人を介在させてみましょう。商人はどのような製品をどのメーカーから調達したのかが分かるように整理して展示しておき、顧客を出迎えます。そうすれば、メーカーは自分が負担しなければならなかったはずのサーチ・コストの大部分を商人が負担してくれるので、生産活動に専念できます。そして顧客の側も、自分の足でメーカーを次々と見回ることに比べれば、商人のもとに足を運べば良くなる点でサーチ・コストを節約できます。数あるメーカーと無数の顧客がランダムに取引相手を求めるよりも、商人が介在した方がサーチ・コストは節約されます。[1]

サーチ・コストが節約されることで、相思相愛の取引が成立しやすくなったマーケットのことを経済学では「厚みのある市場」と表現します。商人は、サーチ・コストを節約することで、「厚みのある市場」を作り上げる役割を果たしている存在なのです。

「商人の町人化」物語

ここで、商人を切り口として日本の経済史を概観してみましょう。

「商人」という言葉は、平安時代の文学作品でも確認できます。紫式部『源氏物語』（第二十二帖「玉鬘《たまかづら》」）には、玉鬘の育った平安京の九条の様子を説明する叙述のなかで「商人《あきうど》」が登場します。

「はかばかしき人の住めるわたりにもあらず、あやしき市女《いちめ》商人のなかにて、いぶせく世の中を思ひつつ」

平安時代には商人が商品を販売する場所を「棚《たな》」と呼ぶようになり、鎌倉時代末期から室町時代にかけて「見世棚《みせだな》」あるいは店という字が使われるようになります。現在でも、ショッピングモールの各ショップを「店子《たなこ》」と呼ぶことがあります。

玉鬘
画像:慶安三年版『源氏物語』玉鬘巻・挿絵　個人蔵

そして室町時代、特定区域に定住する商人を「町人」と呼ぶようになります。豊臣秀吉、さらに徳川政権の下では、商人は城下町の特定区域内で定住し、営業するものと定められました。このため町人と商人は同義の言葉となります。

鎌倉・室町時代の商業の歴史は、あらゆる商人が町人化するまでの物語と言えます。その物語のクライマックスが楽市・楽座です。戦国大名が、領国内あるいは城下町に設置したプラットフォームに商人を誘致します。そして、誘致された商人が町人化しました。

商工業者たちのビジネス協定「座」

鎌倉・室町時代の奈良・京都では、同一商品を取り扱う商人がグループを形成していました。鋳物師のように特殊な生産技能を持つ職人らは個人単位で行動する側面も強かったのですが、商人らはグループで行動する側面が強かったと考えられています。[2] こうした同業者グループを座と呼び、座に属した商工業者を座衆と呼びます。

1603年にイエズス会が刊行した『日葡辞書《にっぽ》』では、座という日本語は次のように説明されています。

「ある品物を自分らだけで［独占的に］売るために、ある人々が仲間を作って結ぶ貸借協定、あるいは、売買協定」[3]

『日葡辞書』の説明で注目すべきは、座という言葉を、商工業者のグループではなく協定として説明している点です。座の協定そのものは座中法度、あるいは法度と呼ばれていました。イエズス会宣教師たちには、座中法度を遵守する商工業者の姿が座の本質に思えたのかもしれません。

座に加入するメリット——大山崎油座の場合

座は、何らかの権威を本所《ほんじょ》（奉仕先）としていました。朝廷や幕府が本所となった座もありますが、寺院・神社が本所となるケースがほとんどでした。

座衆は、本所に物品・金銭などを貢納しなくてはなりません。そうまでして座に加入することには大きなメリットがありました。座に加入するメリットについて、油座、なかでも大山崎油座をフォーカスして説明します。[4]

平安時代には荏胡麻《えごま》油を商売にする寺社が現れます。寺院に仕えた職人を寄人《よりうど》、神社に仕えた職人を神人《じにん》と呼びますが、油寄人・油神人と呼ばれる人々が油売りを始めたのです。そのとき、灯油の貢納と引き換えに営業許可証として「特許札」を渡された油商人たちは、やがて油座として集団行動をとるようになります。

大山崎の油座
画像：油売りの図　離宮八幡宮所蔵

鎌倉時代後期から室町時代にかけて、離宮八幡宮（京都府乙訓郡大山崎）を本所とする大山崎油座が勢力を誇ります。大山崎は、桂川や宇治川さらに木津川が合流する港湾都市です。離宮八幡宮の本社である石清水八幡宮（京都府八幡市）の油神人たちが、地の利を活かす本拠地として離宮八幡宮を本所と仰いだのです。そして離宮八幡宮は、神人たちに「大山崎住京新加神人等被放札注文」という特許札を与えて排他的な営業活動を認めます。

こうして結成されたのが大山崎油座です。ただし、大山崎油座の座衆となった以上、離宮八幡宮への金銭納入とともに石清水八幡宮の内殿用の灯油貢納が義務づけられます。こうした貢納を座役と呼びます。

一方で大山崎油座への加入には免税特権という重要なメリットがありました。朝廷と鎌倉幕府から美濃国不破関の関料（通行税）が免除されたのです。室町幕府からも関銭（陸路）・津料（水路の通行税）といった通行税免除の特権が与えられました。

さらに大山崎油座は、荏胡麻の仕入れや油の販売をめぐる金銭授受から派生して貸金業も営んでいました。室町幕府は貸金業者に倉役という税金を課していましたが、大山崎油座については徴収しませんでした。

そして座に加入すると、本所の勢力範囲でのビジネスが保障されました。この点で大山崎油座は他の座とは別格でした。販売拠点は京都という巨大消費都市です。一方で油の原料となる荏胡麻は、近江・尾張・美濃・伊勢・河内・摂津・播磨・備前・阿波・伊予といった地域にも及びます。こうした地域も大山崎油座のビジネス圏に含まれたのです。

離宮八幡宮は平安京の守護神とされた神社です。このことに加えて、八幡神は武士の信仰対象でした。こうした離宮八幡宮の位置づけを大山崎油座は勢力拡大に利用しました。自分たちに属しない油商人の活動を禁止する命令文書を幕府に出させ、この命令文書を各地の油商人に突きつけて加入か廃業かを迫ったのです。

こうした勢力拡大は、大和（現在の奈良県）を除いて奏功します。大和では、興福寺大乗院の油寄人（および春日大社の油神人）が結成した符坂《ふさか》油座や、同じく大乗院を本所とした矢木座が勢力を誇っていたのです。

また、当時の商人は、本業として販売する物品以外の製品を販売することが珍しくありませんでした。大山崎油座も勢力範囲や人脈を活用して、紺紫（紫草を用いた染物）・薄打《はくうち》（金箔や銀箔の打ち延ばし）・酒麹などビジネスの幅を広げていました。

神頼みのエンフォースメントの有効性と限界

ところで、座の中の秩序はどのように保たれていたのでしょう。大山崎油座の活動は、しばしば他の座とのトラブルを起こしました。その一例をご紹介します。

瀬戸内の海上交通を確保したことで大山崎油座は瀬戸内の特産品であった塩のビジネスに着目します。そして販売拠点として「塩商売新市」の創設のプランが浮上します。

しかしこのビジネスプランが、石清水八幡宮を本所として海産物を販売していた淀魚市神人たちの敵対心に火をつけました。淀魚市神人は、石清水八幡宮の放生会《ほうじょうえ》（魚を放して殺生を戒める儀式）で暴動を起こして八幡宮の社殿前を陣取ったのです。これは幕府が仲裁に入るほどの騒ぎとなります。

結局、大山崎神人は塩のプランを断念します。そして、暴動を起こした淀魚市神人は神職を解かれて処罰されました。

座のトラブルは、本所どうしの勢力争いが絡むため、双方の本所が仲裁に入ります。そして本所どうしの交渉が決裂した場合、幕府が介入します。また、解決後、再発防止のための営業範囲等に関する協定が交わされます。各々の座中法度がアップデートされるのです。

座衆にとって座中法度を遵守することは、グループ内の秩序のみならずグループ間の秩序を維持するためでもあったのです。そして、秩序を乱すと判断された場合は、淀魚市神人のケースのように業界から追放されたのです。

商人が寺社の勢力範囲をビジネス圏としたことには、**エンフォースメント**面から見ると理にかなう側面があります。神仏の権威を背後に置くことで、相手の裏切り行為を防ぐ効果も期待できます。

その一方で、それこそ大山崎油座のように、座衆たちが本所として仰ぐ寺社の権威があまりにも強い場合は、座衆たちが好き勝手に行動してしまい、他の商人たちが不当と感じるような行為に走りがちだったという問題点もありました。

幕府によるエンフォースメント

淀魚市神人の暴動のケースを考えると、神仏の威光だけでは正しい行動を促すのは不充分だと推察できます。それこそ神仏という超越的な存在もさることながら、強訴《ごうそ》（有力寺社が朝廷・幕府に対して特定の相手への重罪を促す示威行動）が人々には脅威でした。[5]

朝廷や鎌倉・室町幕府にも訴訟を受け付ける機関はありました。

訴訟に際しては、約束事を本当に裏切ったのかが立証できなくてはなりません。立証できない場合には、鬮《くじ》で正否を判断する、というように被害を受けた当事者には理不尽な方法で決着させられます。[6]

だから商人たちは、ビジネスの記録を証拠として残すため、台帳や文書を作成するようになります。ただし、文書の偽造も横行するようになります。訴訟受付機関で偽文書を鑑定する技術が整うには16世紀まで待たねばなりませんでした。[7] 司法制度がエンフォースメント面で機能するには、人間の知力や技術に関する条件が必要なのです。

また、公的な仕組みの面で限界があるならば、私的制裁によって補うという選択肢もあります。そこで座衆の相互監視、さらにはルール違反に関する情報共有を通じて、座中法度の秩序が保たれました。[8]

ただし、それで集団内の秩序は維持できるとしても、他の集団との間のトラブルを防ぐことには限界があります。特に大山崎神人のように権威をほしいままにする集団などでは、私的制裁によるエンフォースメントだけでの秩序維持には限界があるのです。

織田信長のプラットフォーム政策
――加納楽市令の場合

プラットフォームとは、取引相手を見つけることのできる出会いの場です。プラットフォーム・ビジネスでは、いかに利用者間のトラブルを防ぐか、あるいはトラブルが生じた場合にどのように対応するのかが重要です。本節では織田信長の加納楽市令を題材として、プラットフォームにおける公的なエンフォースメントの重要性を解説します。

商人誘致を図った加納楽市令

1567（永禄10）年、織田信長が岐阜の加納で制札（木製の札）を掲げて次のように宣言しました。

「定　楽市場

一　当市場越居の者、分国往還煩い有るべからず、並びに借銭・借米・地子・諸

役免許せしめおわんぬ。譜代相伝の者たりといえども、違乱有るべからざる事
一　押買・狼藉・喧嘩・口論すべからざる事
一　理不尽の使入るべからず。宿を執り非分懸申すべからざる事
右条々、違犯の輩においては、速やかに厳科に処すべきもの也、よって下知件の如し
永禄十年十月　日　（花押）」

（意訳）
楽市場の皆さん、次のように決まりごととして定めます。
一　こちらの市場にお越し頂きお住まいになろうとする皆さんは、私どもの管理下の地域にはお気兼ねなく行き来なさって構いません。また、皆さんがどなたかにお金をお支払いしなくてはならないことなどについても、こちらではご心配いりません。従前よりお越し頂いていらっしゃる方々におかれましては、ご新規にお越し頂く方とトラブルを起こさないようご配慮下さい。
一　タダ同然での買い叩き・乱暴な振る舞い・喧嘩・口論、これらは禁止です。

一　私どもの家来たちは決して理不尽なことは致しません。この者どもが宿をとるなど、ご迷惑をおかけすることも致しません。

これらのルールをお守り頂かない方につきましては、ただちに厳罰とさせて頂きますのでお知らせの件、ご承知おき下さい。

永禄十年十月　日　信長

この宣言は、加納楽市令と呼ばれるものです。織田信長は斎藤龍興らとの戦闘の末に美濃国（現在の岐阜県）を支配下に治めます。その直後、信長は稲葉山城を岐阜城とし、城下の加納にこの制札を立てました。誰かが読めるはずだから立てたのです。冒頭で信長は「楽市場の皆さん」と呼びかけています。加納楽市令は、楽市場という区域に居住する商工業者と信長との間で契約を交わすというかたちで発されました。[9]

加納楽市令は、翌年にいくつかの条項が加筆修正された制札が改めて立てられました。加筆されたものとして、次のような条項があります。

「一　楽市楽座之上、諸商売すべき事」

楽市・楽座とは、特定の区域について、定められた内容の範囲で商工業者が旧来のしがらみから解放されていることを宣言したことを意味します。「楽」の字は「解き放つ」というほどの意味です。「市」は特定の商業区域を指し、「市場」とも「市庭《いちば》」とも呼ばれました。座は座中法度を遵守しあう商人グループのことです（前節参照）。「加納は旧来のしがらみから解放されたプラットフォームですよ」、と宣言することで、信長は商人の誘致を図ったのです。

プラットフォームの4つの特徴

2014年にノーベル経済学賞を受賞した経済学者ジャン・M・ティロールは、**プラットフォーム**に関する理論的枠組みを開発したことでも知られています。近年の経済学では、プラットフォームにおける価格戦略や競争政策について様々な議論が蓄積されつつあります。

ここで、プラットフォームについてその特徴を整理しておきましょう。プラットフォームには、以下の4つの特徴があります。[10]

（1）異なるタイプのユーザ

ユーザが2タイプに区分できる出会いの場を、双方向プラットフォームと呼びます。楽市場は、居住する商工業者と、新たに訪れる人々を含む消費者という2つのタイプのユーザが出会うプラットフォームです。なお、対戦ゲームのように、3人以上のプレイヤーが出会う（戦う）場合は、多方向プラットフォームと呼ばれます。

（2）自然独占

プラットフォームの供給者は自然独占（必然的に独占）となります。加納は、木曾川あるいはその支流など水上交通に恵まれた地で、信長が勝利を収めるまでは円徳寺という寺院が支配していました。つまり加能楽市令は、新たな支配者としての信長の勝利宣言でもあります。[11] 信長は、加納の楽市場に独占的に供給できる立場を手にしたのです。

（3）価格差別

競争市場、つまり他の企業との価格競争が激しい市場では、売り手（供給側）は自分の都合の良い水準の価格で商品を販売することはできません。しかし、独占市場であれば、自分の都合で価格を引き上げることも可能です。プラットフォーム・ビジネスにおいて、プラットフォームを提供する側は自然独占ですので、価格を自由に設定できます。複数のタイプのユーザが利用するので、タイプ別に価格を別々に設定することも自由です。このように、ユーザのタイプごとに違う水準の価格を設定する価格差別が可能となります。

たとえば、ショッピングモールを思い浮かべてみて下さい。店子は出店のための利用料がかかりますが、消費者層は無料でショッピングモールに入場できます。これは、ショッピングモールというプラットフォームを利用する価格が、店子と消費者というそれぞれのタイプで異なって設定されていることにほかなりません。

加納楽市令の制札には記載されていませんが、商人には矢銭《やせん》という税が課されており、これが事実上、楽市場というプラットフォームを出品者として利用する場合の価格となったのです。これに対し、楽市場の買い物客は、プラットフォームを購入者として利用するわけで、この場合、価格は無料です。すなわち、現代におけるショッピングモールと同じような価格差別が行われています。

（4）ネットワーク外部性

ネットワーク外部性というのは、人と人との繋がりがユーザの満足度を左右することを指しています。多くの商工業者が集うほど消費者は楽市場に魅力を覚えたでしょうし、多くの消費者が訪れるほど商工業者が喜んだはずです。

プラットフォームにはこうしたバンドワゴン効果（ユーザの数が増えることで個々のユーザの満足度が増えること）が期待されます。こうしたバンドワゴン効果を狙うためには、できるだけ多くの人を集めなくてはなりません。

先ほど、楽市場を購入者として利用する人々については、利用料が無料だと説明しました。無料とすることで多くの人々が購入者として楽市場を訪れることになれば、これは出品者側にとっても喜ばしいことのはずです。だからこそ、人で賑わう楽市場であれば、出品者は多少の利用料がかかっても、楽市場というプラットフォームを利用しようとする**インセンティブ**が与えられます。

なお、信長をはじめ多くの戦国大名は、楽市場の利用料を低水準に抑えていました。ここでいう低水準とは、座役、つまり商人たちが座に属してビジネスする場合に支払わなければならなかった金銭的負担よりも低いということです。

座役に比べ負担の低い水準でしか矢銭を要求しないことで、座に属していた商工業者たちを惹きつけようとしたのです。

プラットフォームの安心に腐心する信長

楽市場でバンドワゴン効果が生じるということは、多くの商工業者や消費者で賑わうことを意味します。このことは、商業振興の面ではプラスに評価できますが、マイナスの側面も持ち合わせています。

とりわけプラットフォーム・ビジネスにおいては、ユーザ間のトラブルをいかに防ぐかが重要なポイントになります。プラットフォームの利用者が増えるほど、利用者間の裏切り行為をいかに防ぐかという、**エンフォースメント**の問題がクローズアップされてきます（第2章参照）。

例えば当時、鎌倉・室町時代の市場（市庭《いちば》）では、「押買《おしがい》」といって、購入すると見せかけてタダ同然で買い取るという、事実上の略奪行為が横行していました。だからこそ信長は、「タダ同然での買い叩き・乱暴な振る舞い・喧嘩・口論」を禁止し、違反者については「ただちに厳罰」と宣言したのです。この宣言は、売り手と買い手の双方が納得した価格で売買できるための強制力を与えるものでした。

このようにして戦国大名は取引の裏切り行為を防ぎ、楽市場の商工業者や消費者に安心を与えていたのです。つまりプラットフォームの提供者自身がエンフォースメント・

コストを負担していたのです。

また加納楽市令には、「皆さんがどなたかにお金をお支払いしなくてはならないことなどについても、こちらではご心配いりません」という条項がありました。これは債権の無効を宣言しており、一見エンフォースメント面で問題があるようにも思えますが、この点については補足しておきます。

加納楽市令の制札が立てられた時点では、加納は戦乱の直後でした。ビジネスどころか、居住する家屋を含め、衣食住がままならない人々も少なくなかったはずです。だからこそ信長は、戦乱直後という混乱状態から立ち直るまでの非常措置として債務免除の条項を用意したのです。なお翌年に改めて立てられた制札では、この条項は削除されています。楽市場に居住する人々の債権を保護する方針に転換したのです[12]。

加納楽市令ではこのようにして債務債権関係についても、エンフォースメント面の制度整備が徹底されました。

軍事力から宗教行事まで、様々なエンフォースメント

戦国大名がプラットフォームの安心を保障する手立てとして、ひとつには軍事力の動員があげられます。そして「私どもの家来たちは決して理不尽なことは致しません」と

いう条項は彼の統率する軍事力が決して秩序を乱す集団ではないことも強調しています。

あるいは戦国大名自身が司法機関のような権限を確立させようとしていました。例えば喧嘩両成敗という言葉があります。この言葉は、今川氏親が定めた『今川仮名目録』と呼ばれる掟に記されています。ここでの喧嘩両成敗とは、喧嘩になったら私（今川氏親）が解決するから当事者だけでは解決するな、という意味です。今川氏親による司法機関としての宣言だったのです[13]。

戦国大名には、安心を提供するためのバックボーンがもうひとつありました。室町時代、トラブル解決手段として、火起請《ひぎしょう》（あるいは鉄火起請）という慣行がありました。焼けた鉄を手に持って神棚など特定の場所まで持ち運ぶことができれば主張が正当だと認められます。熱くて持てない、とギブアップすれば敗訴です（や

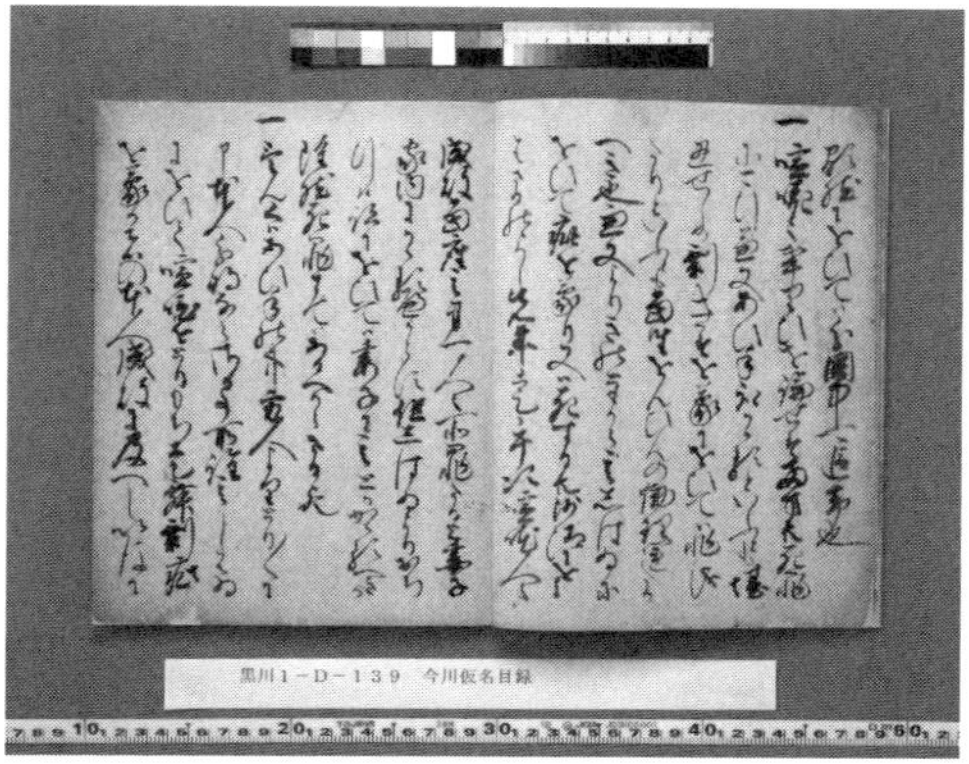

今川仮名目録
画像：明治大学博物館所蔵

ましいことがなければ、神仏が味方して熱さに耐えられるだろうというのです）。こうした裁決は、当時は、人々を納得させるのに充分なものだったのです。

信長は火起請で勝利し、自らの正当性を人々に認めさせたことがあります。

このようにして信長は、宗教的な裁決ルールを遵守するという行動力と軍事動員力とを通じて、自身がエンフォースメント・コストを負担し、楽市場での秩序を維持していたのです。

安土楽市令に見る信長の城下町構想
——楽市・楽座から城下町へ

戦国大名は、領国内で生産できない必要物資を獲得するために、座あるいは楽市・楽座に関する商業政策に乗り出す必要がありました。そして楽市場は、商人の自治による城下町としての性格を強める一方で、やがて商業誘致のプラットフォームとしての性格を弱めていきます。その推移を見ていくことにしましょう。

戦国大名が商業政策に力を入れた理由

戦国時代は日本経済史のなかでも異質な特徴があります。それは、全国の資源配分をコーディネートする立役者がいないということです。

律令制の時代であれば、律令政府が物資を全国に行き渡らせるために人頭税を徴収し、各地に配分していました（第2章「律令制が衰退した原因はどこにあるのか」参照）。あるいは徳川政権であれば全国市場を支配するとともに、市場で円滑に取引されるための様々な政策が実施されています。

これに対し、戦国大名は、絶大な権限を誇示できたのは領国内に関してのみです。領国内であらゆる物資が賄えるのなら良いのですが、たいていの場合、生活必需品でありながら領国内で自給できない物品があります（例えば内陸部なら塩や海産物がそうです）。

戦国大名にとっては、軍事力の維持が第一の課題です。そしてそのためには、兵として戦う人々や馬具・武具をそろえなくてはなりません。とりわけ兵力を維持するには、戦国大名は兵士の衣食住の問題を解決しなくてはなりません。物流に関して領国内さもなくば家臣団から不満が噴出すれば、絶大な権力者としての立場は危うくなります。

戦国大名にとって商業政策の成否は、家臣や領民に服従する**インセンティブ**を与えられるかどうかにも影響する重大な案件だったのです。

商業を振興させる方法①　座の保護と結成

戦国大名には、まず「座」によって領国内の商業を育成するという選択肢があります。さらにこの選択肢は２つに分けられます。第１に、既存の座を保護することです。

第2に、戦国大名が自ら座を結成することです。

第1の方策、つまり戦国大名が既存の座を保護したものとしては、越後上杉氏が青苧《あおそ》座を保護した事例があります。青苧（別名カラムシ）は繊維の原料です。この青苧座は遠隔地取引の実績もあることから、保護を通じて営業税を徴収することを狙ったのです。

また、織田信長は1568（永禄11）年に足利義昭を奉じて京都に入った直後、京都や堺の主要な座の活動を認める方針を打ち出しました。その際、堺の塩座あるいは淀魚市の塩座に関して、今井宗久という商人が座役を徴収することを認めています。

なお信長については、1576（天正4）年に近江（現在の滋賀県）で建部油座の専売権を認めた事例があります。建部油座は大山崎油座に対抗して存続していた数少ない油座のひとつでした。油という必要物資を確保するために、信長は建部油座の専売権を保障し、建部油座に属さない商人の油の売買を禁止しました。なお大山崎油座ですが、大山崎の地侍が信長に武力抵抗したことから、信長が油座の権限を「棄破」したことがあります。ただし、大山崎油座の活動は秀吉による棄破まで継続していました[14]。

第2の方策として、戦国大名が座を結成したものとしては、織田信長による岐阜中河原に設置した薪座の事例があります。岐阜城ならびに城下町の開発を進める上で、木材を取り扱う商人は大きな役割が期待されました。そこで信長は木材商を統率するために自ら本所となって座を結成したのです。これが薪座です。この木材商人グループは徳川時代になってもやはり集団で活躍することになります。

戦国大名が本所となった他の座としては、今川氏の駿府今宿油座・木綿座があります。

信長にせよ他の戦国大名にせよ、領国内の既存の座を保護したり、あるいは座を新たに結成したりすることで、領国内の既存の商業を保護する政策を実施したのです。

商業を振興させる方法②　楽市・楽座

領国内の座を保護して商業を育成する以外に、戦国大名には商人を誘致するという選択肢があります。そのための政策が楽市・楽座です。

「楽市」という言葉の史料上の初見は、1549（天文18）年、近江国（現在の滋賀県）の観音寺城を本拠としていた戦国大名、六角定頼が城下町に開設された石寺新市に対して和紙の売買を定めた「奉行人連署奉書」（『今堀日吉神社文書』）です。

領国内で生産できない物資を調達するためには、領国内で活動している商人を誘致する必要があります。その方法が楽市・楽座です。「楽座」とすることで、座役に比べればはるかに軽い負担で済むことをアピールできます。あるいは「楽市」とすることで、座に属しているかどうかは関係なく、より幅広い意味あいで商人の誘致ができます。

こうした楽市・楽座の政策により、村落民が商人として活動するようになったケースや、戦闘に敗れた武士たちが商業活動で生きながらえたケースも出てきました。戦国大名は、こうしたベンチャー商人にも領国内の物流を盛んにするものと期待しました。楽市・楽座は、座の商人もベンチャー商人も呼び寄せることで、バンドワゴン効果を見込むものだったのです。

ところで、戦国大名が楽市・楽座を実施するには、自らが権限を行使できる領域が必要です。ここで戦国大名はしばしば一向一揆勢力と対立します。というのも、**プラットフォーム**として提供するのにふさわしい場所は、多くの場合、すでに寺社勢力が権限を持つ商業区域だったのです。

戦国大名はこうした商業区域から寺社に退いてもらおうと交渉を持ちかけます。ただし、寺社はこうした商業区域からの貢納を収入源としていましたからそう簡単には引き下がりません。そこで戦国大名と寺社との間で様々な駆け引きが行われます。なかでも一向一揆の勢力は、武力行使を盾に抵抗しました。

加納楽市令の場合も、もともと加納は円徳寺（もとは天台宗ながら浄土真宗に改宗）の息のかかった楽市場でした。信長は戦乱を経て、加納の楽市場に関する円徳寺の権限を骨抜きにしたのです。[15] こうして加納という楽市場を新たに支配する後継者として、信長はプラットフォームの提供者となったのです。

楽市場から城下町へ

楽市場は、戦国大名が商人と消費者との出会いの場として提供したプラットフォームでした。やがて戦国大名は、必要な物資を販売する商人、もしくは人気のある商人に楽市場に居続けてもらうことを目論み、商人に居住の**インセンティブ**を与えようとします。これにより、楽市場は自治都市としての性格を帯びるようになります。つまりプラットフォームとしてのみならず居住区域として安心できる場となるよう、公的な**エンフォースメント**の基礎固めが図られたのです。

1577（天正5）年、信長は「安土山下町中宛信長朱印状《あづちさんげちょうじゅうあてのぶながしゅいんじょう》」を発します。この朱印状は、安土城の城下に対して城下町建設構想を掲げた、いわゆる安土楽市令です。全部で13項目ありますが、ここでは5項目だけピックアップしておきます。

（a）往還之商人、上海道相留之、上下共至当町可寄宿
（b）諸色買物之儀、縦雖為盗物、買主不知之者、不可有罪科
（c）分国中徳政難行之、当所中免除事
（d）喧嘩口論、并国質所質、押買押売、宿之押借以下、一切停止事
（e）至町中譴責使、同打入等之儀、福富平左衛門尉、木村次郎左衛門尉両人仁相留之、以糺明之上、可申付事

それぞれの意訳とともに、一文ずつ、解説していきます。

（a）商人たちは安土の町に寄宿すること。
商人を誘致するだけでなく、集住させる意図があります。他の領国でなく安土城城下でのビジネスを要請しています。

（b）買い物について、たとえ盗品が販売されていた場合でも買い手が知らずに購入した場合は罪を問わない。

盗品が販売された場合について明記したものです。こうしたルールがあることで、買い手は理不尽なトラブルに巻き込まれる不安を抱かずに済みます。

（c）もともとの国で徳政が実行されていても安土では徳政は無効とする。

債権に関するエンフォースメントを徹底したものです。債務を帳消しにするという徳政令は、室町幕府あるいは戦国大名が出したものです。信長が徳政令を無効とみなすということは、他の戦国大名の権限を無効としていることを意味します。つまりこの条項は城下町における最高機関が信長自身であることを告げているわけです。

（d）喧嘩・口論、国質・所質、押買・押売は禁止。

加納楽市令にもほぼ同内容の条項はありましたが、「国質《くにじち》・所質《ところじち》」という言葉が新たに加わっています。

この言葉は鎌倉・室町時代の風習を指します。領国内で他の地域の者が損害を与えて逃げてしまったとします。このとき、その犯人と全く関係がない人間であっても、加害者と同じ地域出身の誰かを拘束することで、その地域に責任を取らせていたのです。とりわけ戦国時代では珍しくないことでした。

信長はこのような慣行を禁じ、最低限の身の保障を約束したのです。人々にとっては、この風習が禁止されること自体、新時代の幕開けとも言えます。

（e）問責の役人を受入れる場合は福富平左衛門尉・木村次郎左衛門尉の両人に届けてその許可を待つこと。

具体的な人名が登場します。役人が楽市の住民のもとを訪ねて問責しようとする際に、福富平左衛門尉・木村次郎左衛門尉の両名にそれなりの権限が委ねられていることを示します。双方とも自治組織の代表格です。安土楽市令そのものが、事実上この2名と交渉する契約と捉えることもできるでしょう。

信長は自治組織の代表格に権限を与えることで自治組織の権威を高めたのです。

安土のような城下町が形成されると、商工業者はこのような秩序ある自治組織に属して城下町に集住するか、さもなくば各地の商業都市を遍歴するかを選ぶようになります。そして秩序ある城下町が各地に創設されるようになると、商人の移動が徐々に少な

安土城図　下部に城下町が見える
画像：wikimedeiacommons/publicdomain
https://ja.wikipedia.org/wiki/%E5%AE%89%E5%9C%9F%E5%9F%8E

くなります。

このことは、プラットフォームとしての楽市場の役割が終わることを意味していました。なぜならもはや、プラットフォームの利用料を低水準にしたからといって新たに多くの商人を誘致できるわけではなくなったからです。

そして領主層の主眼も、「いかにプラットフォームとして魅力的な楽市場をデザインするか」から、「すでに城下町に住んでいる町人がいかに安心してビジネスできるようになるか」という点に移りました。

そして、楽市令によって築かれたエンフォースメント面での制度整備は、豊臣あるいは徳川政権の城下町政策に引き継がれていくことになるのです。

本章のまとめ

プラットフォーム・ビジネスでは、いかにプラットフォーム上でのトラブルを防ぐかがポイントになります。このことは、現代社会においても同様のことが言えます。

たとえば近年話題のブロックチェーン。ブロックチェーンのように、取引履歴に関する情報を共有できる技術であれば、不当な行動を取るユーザが現れていないかどうか監視しあうことも可能です。こうした仕組みの基本を理解する上で、戦国時代の歴史を知ることは助けになるはずです。

戦国大名もまたプラットフォーム上での安心を確約するために苦心していたのであり、彼らも未だに変わらないビジネスの基本と真正面から向き合っていたのです。

第7章
教育の経済学

introduction

先生は経済発展の原動力

経済発展の原動力は何か、経済の歴史を突き動かすものは何か、様々な研究者が議論を交わしています。本書でもご紹介してきたエンフォースメントや所有権保護といった制度の側面に経済学者の関心が高まったのも、そうした議論のなかでのことです。

ただし、制度を作るだけで経済が改善するわけではありません。制度をうまく活用したり改善するためには、それなりの理解力や、議論するための素養が必要です。そこに学問として社会科学を学ぶ意義があるのです。例えば市場経済がうまく機能するためには、個々人に計算能力などのリテラシーが備わっていなくてはなりません。[1]

学校の先生がきちんと子どもたちに学ぶべきことを教えることができるかという問題は、将来の経済発展に影響します。

今、学校の先生は実に過酷な仕事になりつつあります。生徒の学力向上だけでなく、クラブ活動の顧問としての成果、生活全般にわたる指導など、守備範囲の広さが要求されています。学校の先生のなり手がいない、ということもニュースで見聞きするようになりました。もしかすると、現代の日本社会は、先生たちのモチベーションを低下させる動きを許してしまっているのかもしれません。

本章では、学校の先生のあり方を今一度考え直してみるきっかけとして、日本の教育の歴史を見ていきたいと思います。フォーカスするのは、明治・大正・昭和初期という時代の小学校教育です。当時は尋常小学校（当初4年間、のちに6年間）での教育が義務教育と定められていました。小学校教育は、政府が率先した側面もあるとはいえ、基本的には地域コミュニティが一丸となって成立させたものでした。ただし、学校に通う児童が増えたことに伴い、教壇に立つ人材が不足します。このため、女性教員の増加と活躍に期待が寄せられるようになりました。

第1節で教育の経済学の基礎的な議論を整理し、第2節で教員育成、第3節で女性教員に着目し、明治・大正・昭和初期という産業化時代の学校教育について説明します。

明治・大正時代の小学校教育
——教育と経済成長の関係

「教育の経済学」の分野では、子どもたちを学校に通わせることと経済成長（1人当たり平均の所得水準が総じて毎年上昇傾向をとるようになること、または上昇傾向の強さ）との関係について様々な事実関係が解明されています。本節では、何が解明されたのかを踏まえながら、明治・大正・昭和初期の日本の小学校教育について解説します。

進学の機会費用

ある中学生が、就職せずに進学して高校に通うことを決意したとします。高校進学には入学金、授業料、あるいは通学のための交通費など様々なコストが生じます。そして、これらの支出に加えて、さらに重要なコストが生じます。それは進学の機会費用です。

進学の機会費用とは、就職していた場合に得られた賃金のことです。高校、さらには

（図表7-1）小学校卒業児童進路希望状況調査（1926年３月時点）

	尋常小学校６年生		高等小学校２年生	
	男	女	男	女
進学（%）	76.7	66.0	19.0	24.7
家業（%）	14.3	24.6	46.4	54.4
就職（%）	8.9	9.4	34.6	20.9
調査人数（人）	132,875	121,991	55,205	34,820

出所：中央職業紹介事務局（1926）。大門（1992）表7

大学や大学院に進学する際には、教育機関に支払う入学金や授業料だけでなく、進学せずに就職していれば得られたはずの収入を手にする機会も手放すことになるのです。誰かが何かを選ぼうとするとき、その人は別の何かを失っているのです。このように、何かを選ぶことで失っているものを、経済学では**機会費用**と呼びます。

本章で紹介するのは、明治・大正・昭和初期の小学校教育です。当時の小学生が進学の機会費用についてどのように考えていたのかが垣間見られる、興味深い調査結果がありますのでご紹介します。

図表7－1[2]は1926（大正15）年3月に実施された、尋常小学校6年生および高等小学校2年生を対象とした進路希望に関するアンケート調査結果を整理したものです。当時は尋常小学校での6年間が義務教育とされており、尋常小学校卒業後は原則として2年間高等小学校に進学できました。

このアンケートは、現代で言えば、小学校6年生と中学2年生に希望進路を聴いたものだとお考え下さい。調査を実施したのは、中央職業紹介事務局という内務省管轄の職業紹介機関です。

図表7－1から何がわかるでしょうか。

高等小学校への進学には機会費用が生じます。進学しなければ、家業に従事するか、さもなくば就職することになります。しかし、この調査結果によると、尋常小学校6年生では男76・7％、女66・0％が高等小学校（もしくは女学校）への進学を希望しています。つまり、1920年代、義務教育を修了したのちの進学について、その機会費用よりもメリットを見出していた人々が少なくなかったことがわかります。

なお、高等小学校2年生に対するアンケート調査結果を見ると、中学校・実業学校・師範学校などの上級学校への進学を希望するのは男19・0％、女24・7％です。尋常小学校に比べると進学希望の割合は低い水準です。ただし、女性は男性より進学希望者の割合が高いこともわかります。高等小学校に進学した女性のある程度の割合は、入学した時点でさらなる上級学校に進学することも視野に入れていたものと考えられます。

こうした調査結果の解釈を掘り下げるために、ここで「教育の経済学」で指摘されているいくつかの視点について整理しておくことにします。

「なぜ学校教育が必要か」についての経済学の解答

そもそも、学校教育は何のためにあるのでしょうか。この問いかけに対する経済学からの解答は2つです。ひとつは、「教育は人的資本に対する投資である」というものです。この答えを言い換えると、学校教育を受けることで高い能力が身につく、ということになります。

人的資本とは、人々が備えている能力や知識のことです。都道府県庁の所在地を覚えること、パーセントの計算ができるようになること、英語の関係代名詞がわかることなどは学力などで達成度が測定できる人的資本だと言えます。プロのサッカー選手を目指す子どもにとっては、ディフェンスをかわすシュートの仕方なども人的資本となります。

こうした人的資本への投資が、どのくらいの収益をもたらし、どのように経済を豊かにするのかについて理論研究が進められてきました。[3] 学校教育を充実させることで、その後に所得水準の面で経済がどの程度成長するか、実証研究も進んでいます。こうして、平均的な就学年数が長い国や学校教育関連の公共支出が多い国ほど1人当たり国民所得の成長率が高い、というように、学校教育がその後の経済成長を左右することを裏付ける実証研究が次々と報告されるようになったのです。[4]

学校教育が何のためにあるのか、経済学からのもうひとつの答えが、「学校教育はシグナリングに見立てることができる」というものです。この答えを言い換えると、能力の高さをアピールするために学校教育を受ける、ということになります。

シグナリングとは、自分の能力、あるいは自分が取引で扱おうとしている物品やサービスの質について、相手に表明することです。学歴あるいは資格を取得しておけば、例えば企業に採用してもらうときに自分の能力の高さをアピールできるということです。[5]

シグナリングのために学校教育が使われるということは、すでに高い能力や素質を備えている人が学歴を利用するということです。「学歴が高い（学校教育に多く支出する）と将来の賃金所得が高くなる」ということは、様々なデータ分析からも裏付けられています。[6]

経済成長が先か学校教育が先か

教育は、子どもが大人になってから成果が表れるものであり、多くの人々の生き方に影響するトピックです。近年の経済学においては、政策提言に際して客観的なデータ分析に基づいて因果関係を丁寧に探る、エビデンス（証拠）重視の姿勢が重視されていますが、こうした姿勢の重要性は、とりわけ「教育の経済学」あるいは労働者の技能形成を議論する立場から強く主張されています。[7]

そして実は、学校教育が経済成長を左右するという議論についても、丁寧に検証してみるとさらに複雑な関係が潜んでいることが判明しています。学校教育から経済成長への因果関係よりも、経済成長から学校教育への因果関係が強いことが分かってきたのです。つまり、過去の学校教育が現在の経済成長を左右するだけでなく、むしろ、それまでの経済成長や現在の所得水準が今後の学校教育を左右する、というのです。[8]「所得水準が学校教育を左右する」という因果関係は、所得面で余裕がなければ学校教育面の支出が抑えられがちになることの現れだと考えられます。経済危機が深刻な国では学校教育関連の政府支出が低下した、という国際的な傾向も報告されています。[9]

この傾向をふまえると、所得水準が低い国々では、人的資本に対する投資が必要だとしても、学校教育関連の支出が抑えられてしまいます。こうして人的資本への投資がおろそかになると経済成長は見込みにくくなるという、負のスパイラル（低成長のわな）が生じてしまいます。

産業化の段階により求められる教育内容が異なる

では、どうすればこの「負のスパイラル」を切り抜けることができるのでしょうか。

途上国が先進国に追いついて先進国に仲間入りする道のりのことを産業化と呼びます。産業化の段階では、経済成長の面でのキャッチアップよりも学校教育面のキャッチアップが先に生じている傾向が多くの国々で確認されています。

例えば日本では、初等教育（尋常小学校）の就学率は明治期で90％を超え、学校教育面でのキャッチアップを達成していました。これに対して、経済成長面、つまり所得水準に関して日本がキャッチアップを達成するのは、第二次大戦後の１９６０年代の高度成長を経てのことです。経済成長の面でのキャッチアップが、学校教育面のキャッチアップに遅れて生じていたのです[10]。

経済成長面のキャッチアップが学校教育面のそれに後れをとる理由として、産業化の初期段階では学校教育の効果が表れにくいということが指摘されています。

産業化の特に初期段階においては、途上国がいかにして先進国における先進技術を模倣し、普及させるかがポイントになります。歴史的な事実として、産業化の早い段階では、機械や工具の仕組みがシンプルです。「観察すれば模倣できる」技術が主流です。

第一回内国勧業博覧会
画像：上野観光連盟提供

観察を通じて先端技術を盗む場となった例として、我が国の内国勧業博覧会のエピソードをご紹介しましょう。1877（明治10）年に開かれた第一回内国勧業博覧会では、臥雲辰致《がうんたつむね》の発明した紡績機が話題となりました。ガラガラ回転するというので「ガラ紡」と称されたその発明品は、素晴らしいアイデアながらも、その仕掛けは見れば一目瞭然でした。そのため多くの模造品が出回ることになったのです。

しかし産業化が進展すると、ひとつの商品を生産するための工程が細かく分断されるとともに、様々な創意工夫が施されるようになります（第2章「日本の特許制度の成り立ち」参照）。生産工程を観察するだけでは何をしているのかが容易に把握できない技術が主流になってくるのです。

このように捉えると、産業化という局面は、先進技術を簡単に模倣できる段階と、学校教育を通じて学ぶ知識がなければ模倣できない段階とに大別できます。そして後者の段階、つまり学校教育を受けなければ技術を模倣できない段階になってから、経済成長に対する学校教育の効果が表れてくるのです[11]。

地域コミュニティが教育制度を推進

政府が産業化を政策目標とした場合、学校に通わなくては習得できない複雑な技術に対応できる人材をいかに早い段階で育成するかが重要なポイントになります。そして場合によっては、政府以外の者がそのイニシアチブをとります。

たとえば現代の開発途上国でも、地域コミュニティが積極的に教育推進活動を続けることで学校教育の需要を拡大させる、といった取り組みがなされています[12]。

実は、日本の産業化初期、明治・大正時代の学校教育でも、地域コミュニティが一丸となって推進する動きがありました。具体的には、名望家、つまり徳川時代から地域社会のリーダー格とされた家の人々が、各々の拠点の地域で小学校設立の立役者になったのです。

名望家たちは地域社会のまとめ役として号令をかけ、親世代に子どもたちを小学校に通わせるよう説得しました。名望家は、多くの子どもたちに学びの機会を提供することで、地域社会のリーダーとしての地位を明治維新以後の時代でも保持しようとしたのです。

名望家の多くは、地主層でした。彼らはしばしば小作争議、つまり小作人による地主への示威行動に直面します。景気が低迷するなど村落社会に疲労感が蔓延すると小作人たちが地主に対して日頃の不満をぶつけるようになるのです。その際に、相手の地主が建設に関わった小学校について小作人が「学校の教育カリキュラムが役に立たないぞ」とクレームを添えたりもしたようです[13]。

当時の名望家たちは、子どもたちの将来のために小学校で何を教えるべきかということも考える一方で、親世代の人々との利害調整に配慮しなくてはならなかったのです。

壮丁教育調査に見る明治・大正の教育成果

明治・大正時代の小学校教育がどの程度の成果をもたらしたのか、学力で裏付けることのできる貴重な調査結果があります。「壮丁教育調査」です。

１９３１（昭和６）年４月15日から７月31日にかけて、全国１０２８ヶ所の徴兵署で壮丁（20歳の男性）が全都道府県で学力検査を受けました。これが「壮丁教育調査」と呼ばれる学力試験です。「壮丁教育調査」は１９００（明治33）年にスタートしていますが、全国同一の問題が課されたのはこのときが初めてでした。

（図表7-2）1931（昭和６）年調査による壮丁の学歴別平均得点（％）

※太字の数字は平均得点

	対象者（人）	対象者（％）	国語	算術	公民
不就学者	4,378	0.7	3.6	2.7	1.8
尋常小学校中退	29,932	4.9	25.8	15.3	12.4
尋常小学校卒業	118,567	19.2	48.2	28.6	29.5
高等小学校中退	45,303	7.3	60.3	38.0	40.8
高等小学校卒業	202,015	32.8	72.4	49.1	53.1
実業補習学校卒業	112,208	18.2	75.4	54.8	60.0
中等学校中退	19,097	3.1	87.9	67.6	68.5
計	531,500	86.2	**63.9**	**43.1**	**46.1**
中学校在学卒業以上	85,211	13.8			77.8
総計	616,711	100.0			**50.5**

出所：文部省社会教育局（1932）

試験は、文部省の管轄により道府県学務部係員、各市町村職員、および小学校校長の責任で実施されました。受験者総数は61万６７１１名です。試験科目は、国語・算術・公民の３科目です。ただし中学校在学または卒業以上の者は国語と算術が免除されました。３科目を受験したのは受験者総数の86・２％に相当する53万１５００名です。受験者の成績は、彼らが受けてきた学校教育の成果、１９１０年代後半から１９２０年代前半の教育成果とみなすことができます。

図表７－２[14]は、試験の国語・算術・公民の最終学歴別の平均得点（正答率）を示します。例えば国語については、不就学者で３・６、尋常小学校中退で25・８、尋常小学校卒業で48・２、高等小学校卒業に至っては72・４というように、学歴が高まるごとに平均得点（％）が高くなっています。この上昇傾向は、算術や公民も同様

です。

なお尋常小学校卒業以上の壮丁の割合は94・4％（＝［１００－0.7－4.9］％）です。当時の20歳男性の94％が6年間の義務教育を修了していたことになります。高等小学校卒業以上の割合は67・9％（＝［32・8＋18・2＋3・1＋13・8］％）です。その上で、より上級の教育機関で学んだことが、学力試験で比較的高スコアを得るというかたちで結実したのです。

おそらくは、図表7－1で確認した、高等小学校に進学を希望した尋常小学校の6年生たちは、このように高い学力を身につけることを期待していたものと考えられます。少なくとも、調査対象の壮丁たちは、実際により高い学力を身につけていたのです。

教員育成機関「師範学校」の現実

——地域が先頭に立った教育政策

学校教育の制度整備では、子どもたちを学校に通わせることも重要ですが、同時に、ふさわしい人材に学校の先生として教壇に立ってもらうことも重要な政策課題となります。日本の教員育成はどのようにして始まったのかを、教員育成機関である師範学校を中心として見ていくことにしましょう。

先生を育てる機関「師範学校」

１８７２（明治５）年の学制では、男女の区別なく年齢20歳以上の師範学校卒業免許状の取得者を小学校教員とする、という方針が盛り込まれていました。同年、この方針に合わせて、東京湯島聖堂内に、教員育成機関として師範学校（後に東京師範学校）が設立されます。そして翌年以降、大坂師範学校を皮切りに宮城・愛知・広島・長崎・新潟に官立師範学校が設立されました。

高等師範学校
画像：国立国会図書館ウェブサイト

1886（明治19）年制定の師範学校令によってこうした制度整備はさらに進みます。同年文部省は「尋常師範学校ノ学科及其程度」を定めます。この規定において、師範学校で4年間学ぶ科目として、「倫理、教育、国語、漢文、英語、数学、簿記、地理歴史、博物、物理化学、農業手工、家事、習字、図画、音楽、体操」が課されました。なお「農業、手工及兵式体操ハ男生徒ニ課シ家事ハ女生徒ニ課ス」とも定められました。科目についてはその後改変されますが、家事あるいは裁縫については女性が教えるものという役割分担が貫かれたのです。また、師範学校の附属小学校での授業を参観する、あるいは実際に授業するなど教育実習の機会も与えられるようになりました。

1897（明治30）年制定の師範教育令では、師範学校は各道府県に1校以上設置するものと定められました。そして各府県のなかでも、極めて優秀な層が入学試験を突破して入学しました（自治体からの推薦を受けて入学する年長者もいました）。師範学校には、授業料免除、教科書の貸与、文房具の支給さらには生活費の保障という特典がありました。教員になれるだけの能力を持つ人材に就学の**インセンティブ**を与えていたのです。師範学校は卒業後、彼らが教職に就くことを前提とした官立の教育機関だったのです。

なお、師範学校は基本的には、教員を育成する機関ではありましたが、時には優秀なビジネスパーソンを輩出することになります。例えば、東急グループの創業で知られる五島慶太は、一旦は進学を断念しながらも東京高等師範学校に進学し、さらに東京帝国大学から農商務省に入省し、鉄道の世界に足を踏み入れたのです。彼は東京帝国大学に進学する直前、英語教師として三重県四日市市立商業学校に赴任したことがあります。

イニシアチブをとれなかった官立師範学校

師範教育令により、教員育成の要として各府県に官立（国立）の師範学校が設置されました。しかしながら、府県の教員育成において、師範学校が必ずしもイニシアチブをとっていたわけではありませんでした。それどころか、県内の教員育成に対して師範学校がほとんど関与していなかったという事例（明治期兵庫県）もあります[15]。県議会が師範学校の一部の廃止を決議し、小学校教員講習科が調整役となって師範学校改革が進められるという事例（大正期秋田県）もありました[16]。

というのも当時は、官立の師範学校ではなく、むしろ府県が教員育成のイニシアチブをとらざるを得なかった事情があったのです。もともと各府県は府立・県立の機関として独自に教員育成機関を設置していました。それら教員育成機関のなかには、教員伝習所と称したものや、国立のそれとは全く関係なく師範学校と称したものもありました。さらには、官立の師範学校に併設するかたちで小学校教員講習科という課程を設置したりもしていました。

師範学校を卒業した人材を教壇に立たせるというのは学制で定められた基本方針ではありましたが、そうした人材が出揃うまでは、つなぎ役が必要でした。そのつなぎ役として、それまで寺子屋で村落の子どもたちに読み書きや算術・算盤を教えていた層が教壇に立つことになりました。そこで府県は、彼らに臨時に資格を与えるために、教員の採用については独自のルートを設定したのです。そのため、教員伝習所や府県の師範学校など、府県独自の教員育成機関が設置されたのです。

そうした事情もあり、地域の実情に疎い官立師範学校がその府県の教員育成について、イニシアチブをとろうにもとれないケースが少なくなかったようです。そのため、教員育成・採用の仕組みの面で、教育システムは地域ごとにバラバラになったのです。

国立の師範学校が当時どの程度の貢献を果たしたのか、その分析さえ教育史研究では現在も途上段階にあります。そもそも小学校教員のうちどの程度の割合が国立の師範学校卒業者か、といった定量的な記録さえ乏しいのが実情です。

教員たちによる自らのスキルアップ

明治・大正・昭和時代の小学校では、官立の師範学校を出た教員とそうでない教員の両方が勤務することが珍しくありませんでした。官立の師範学校を出た教員は、欧米諸国の教育学をベースとした指導法や教材の工夫に長けていました。一方で官立学校を出ていない教員のなかには、そうした工夫を自分で身につけて授業のスキルアップを目指す人々が現れます。

当時、こうしたスキルアップを目的として、教員が有志の研究会・勉強会を開催していました。研究会を通じて、授業方法についてある程度の情報交換を試みていたのです。

現代のビジネス現場でも、意見交換の場を通じて互いのスキルアップを図るケースは少なくないはずです。企業の従業員は、「業務で学ぶ（learning by doing）」さらには

「相互交流で学ぶ（learning by interacting）」などキャリアを重ねるなかで生産効率を高めます。こうした効率化を学習効果と呼びます[17]。

教員相互の研究会は、学校内部にとどまらず、学校を超えた会合として開催されることもありました。次に引用するのは、明治期大阪府の岸和田小学校の教員に関する調査の一部です。

「研究会や発表会は、或は学校別に或は市内、郡内連合で頻々と行はれ、新教育の理論、実際について意見の交換又は批評をし合ったものである。又有志が相寄って輪読会等を開き議論を闘すこともあった。各地に催される全国的な講習会や研究会には、奈良、明石、広島、長野、東京等へも遠しとせず、自費出張の許可さえとって出席受講する程の情熱を見せた[18]」

研究会は、師範学校を卒業せずに教員になった人々にとっては、スキルアップのチャンスだったものと思われます。ただし、「自費出張の許可さえとって出席受講する程の情熱を見せ」るような**モチベーション**の高い教員でなければ、こうした機会を活用できなかったものとも考えられます。

当時、師範学校が教育システムの軸となるはずでした。しかしながら実際には官立の師範学校が立ち入れないような、各々の地域の事情もあり、地方自治体それぞれが独自に教育育成に尽力するなど、必ずしも全国一律で教育制度が運営されたわけではなかったのです。

そのため、学習効果を高めるための工夫が教員たちの間で自助的に取り組まれていたのです。そう言えば昨今、ビジネスパーソンの間で「朝活」と称される自主的な勉強会が開催されています。これに近いことに、１００年前の小学校の先生たちも取り組んでいたのです。

学校教育に進出した女性教員の活躍
——100年前の男女共同参画

教育面でキャッチアップするためには、教員数も増やさなくてはなりません。そこで教育の供給サイドとしては男性のみならず女性を積極的に登用して教育需要の高まりを乗り越えようとします。それは同時に、女性が働ける環境を整えることでもありました。女性の活躍の場がいかにして整備されてきたのか、見ていくことにしましょう。

男性教員の数の限界

図表7－3[19]は、小学校（尋常小学校および高等小学校）の児童数男女別および教員数の男女別について、1880（明治13）年、1900（明治33）年、1920（大正9）年、および1940（昭和15）年の数値を示しています。明治前期、明治後期、大正期、そして昭和にかけて、20年ごとにデータをとっています。その上で男性教員1人当たり児童数と教員1人当たり児童数の推移も示しています。

（図表7-3）小学校児童数および教員数（1880年、1900年、1920年および1940年）

	1880年	1900年	1920年	1940年
児童数（男）	1,762,113	2,785,697	4,571,635	6,360,955
児童数（女）	586,746	1,897,901	4,061,236	5,974,124
児童数（計）-A	2,348,859	4,683,598	8,632,871	12,335,079
教員数（男）-B	70,306	80,672	125,050	172,678
教員数（女）	2,256	12,227	60,299	114,760
教員数（計）-C	72,562	92,899	185,349	287,438
男性教員１人当たり児童数（=A/B）	33.41	58.06	69.04	71.43
教員１人当たり児童数（=A/C）	32.37	50.42	46.58	42.91

出所：文部省『学制百年史』

図表７－３から、まずは児童数と教員数がともに右肩上がりであることがわかります。問題はどちらの増加スピードが速いかです。

教員１人当たり児童数の推移を見ると、１８８０年から１９００年の20年間では32・37人から50・42人に一旦増えていますが、その後減少に転じています（１９２０年では46・58人、そして１９４０年では42・92人）。明治後期には児童数の伸びに教員数が追いつかず、大正・昭和初期を経て少しずつ教員の負担が軽減されたことになります。加えて、教員１人当たり児童数と男性教員１人当たり児童数の差が徐々に開くことも確認できます。当時、小学校教育の現場は、男性教員だけでは児童を見守ることのできない状況になっていったのです。

『二十四の瞳』の女性教員

明治・大正・昭和初期という産業化の時代の小学校

は、男性だけでは支えきれないビジネス現場に女性の参加を促すことになった先駆的な現場です。それ以前にも、製糸工場や紡績工場など、繊維関連分野では明治・大正期の頃から女性の従業員がすでに中心とも言える状況でした。これに対し小学校教育の現場は、男性の仕事の領域に女性が徐々に進出した分野の一例だと言えます。

壺井栄の小説『二十四の瞳』は、昭和初期の小学校の分教場の先生と生徒との絆を描いた物語です。戦後直後に執筆されたこともあり、壺井栄が感じ取っていた戦前の風景が随所に描かれているものとされています。

物語は主人公の女性教員、大石久子が1928（昭和3）年の春に瀬戸内の島の分教場に着任するところから始まります。分教場には「男先生」と称された男性教員がいました。大石先生の着任直前、彼女のことを知った男性教員は次のように感情を吐露します。

「こまったたな。女学校の師範科を出た正教員のぱりぱりは、芋女出え出えの半人前の先生とは、だいぶようすがちがうぞ。からだこそ小さいが、頭もよいらしい。話があうかな。昨日、洋服をきてきたので、だいぶハイカラさんだとは思っていたが、自転車にのってくるとは思わなんだ。困ったな。なんで今年にかぎって、こんな上等を岬へよこしたんだろう。校長も、どうかしとる」

（壺井栄『二十四の瞳』1952年）

男先生は、「女学校の師範科を出た正教員」が、前任の「芋女出え出えの半人前の先生」（小林先生）よりも高学歴であることも含め、ハイカラな振る舞いに驚き、困惑しています。師範学校あるいは師範科を卒業した女性が教員になるということは当たり前ではなく、むしろ珍しかったという、作者壺井栄自身の時代認識が読み取れます。

都市部に限らずこの小説の舞台設定のような島の分校も視野に入れた全国レベルで、師範学校卒業の教員、なかでも女性教員がどの程度活躍していたのかを探る上では、壺井栄の時代認識はそれなりのヒントになるかもしれません（この点の厳密な議論は、今後の教育史研究の成果を待ちたいところです）。

国ではなく地域の働きかけで確立された産休制度

壺井栄の設定では、分教場では女性の教員が1年ほど研修のごとく勤務した後で転任するならわしでした。大石先生の前任者、小林先生はこの分教場に3年半勤めています。教え子たちは小林先生がどうして学校を去るのか、その理由が分かっていたらしく、別れ際にみんなで次のように呼びかけています。

「せんせえ」
「さよならあ」
「嫁さーん」
「さよならあ」

産業化の時代、女性教員が結婚・妊娠を機に退職することは珍しくありませんでした。ただし女性教員の数が増えるにつれて、経済的な事情から教壇に立ち続けた女性も増えることになります。次に示すのは宮川鉄次郎という東京府牛込の区会議員が小学校教員時代を回想したもので、女性教員の苦労が綴られています。

「曰く妊娠数ヶ月の腹を抱えたる教員、曰く産後の疲労全く癒えざる憔悴蒼顔の人、曰く授業中の小閑を偸んで小使室に小児を哺乳する者、曰く、産前産後のために連日席を空うするもの。此等の現象に対する生徒の感想は如何に。此等の事実に伴ふ教授上の結集は如何に。更に此等の場合に立てる女教員某人の苦心は如何に。此等の事実に随って生ずる育児上家庭上の欠陥は如何に。余は此等の現象に遭遇する毎に、女子の心事を推察して、心に涙なきを得ず[20]」

1906（明治39）年、宮川鉄次郎は女性教員の労働環境を改善すべく、条例・法令の制定を主張していました。右の回想はこの制定をめぐる論議をめぐっての彼の主張です。今で言うところの女性教員の「働き方改革」論議を呼びかけたのです。

「働き方改革」の声は東京以外の地域でも起きていました。1908（明治41）年、長野県は「女教員妊娠規定」を定め、妊娠した女性教員に2ヶ月間の有給産休を認めることとしました。これが日本の教育界における産休制度のスタートでした。

こうした制度変化についても、国や師範学校がリーダーシップをとったわけではなく、府県レベル、つまりは地域社会が現場の状況を改善するために声を上げることで達成できたものです。

女性教員をめぐる偏見と賃金格差

女性の教員に対しては、男性と違って女性教員は裁縫を教えるには向いているだろ

(図表7-4) 市町村立尋常小学校の正教員月俸平均額(1910－1936年)

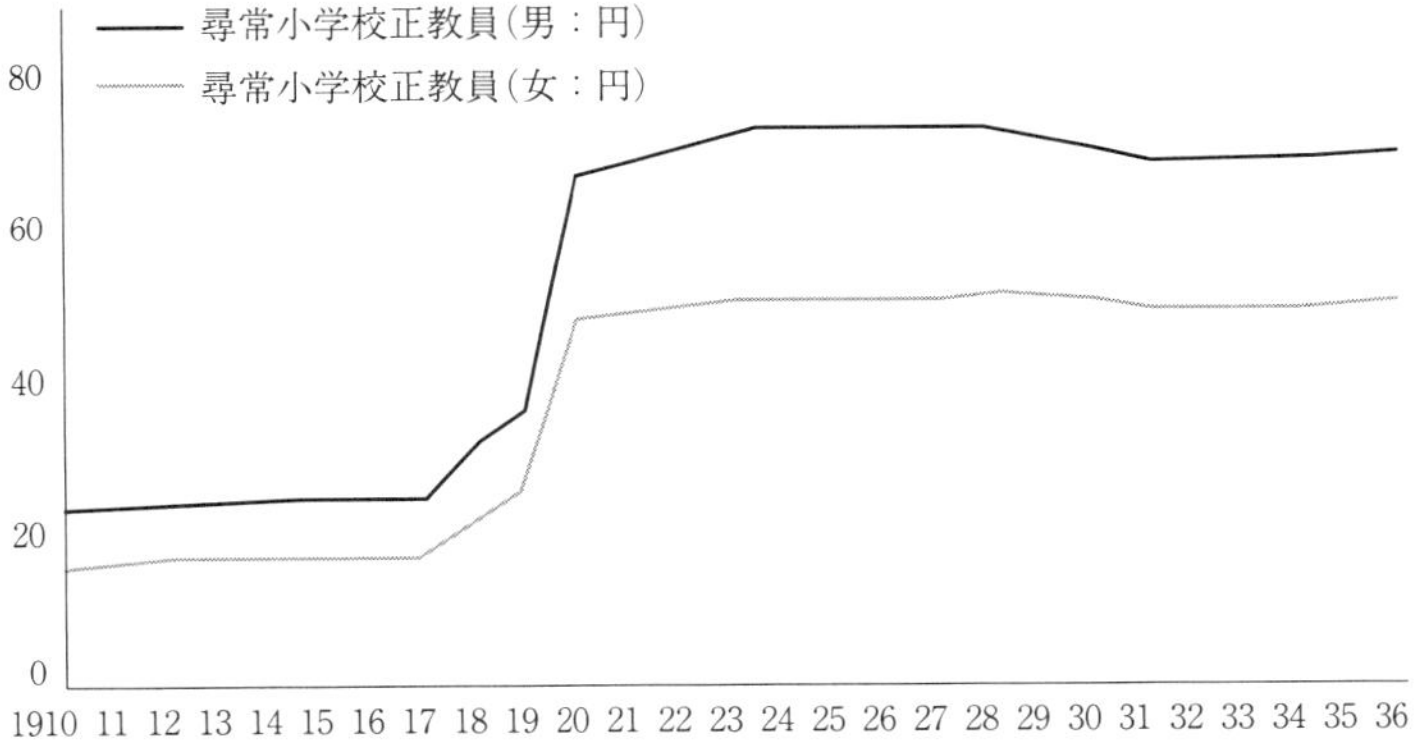

出所:「文部省年報」各年度版

う、というジェンダー的な役割分担を強調する声もあれば、女性は結婚して早く出産すべきだという保守的な見解、さらには男性教員とのスキャンダルが児童に悪影響を与えかねない、とする大きなお世話もありました。もっとも、地域社会が教員の人手不足を解決するためには、女性教員に対する偏見にはあまり耳を傾けてはいられません。それに、女児の保護者からは男性教員より女性教員の方が安心できるという声もあがっていました[21]。

ところで、女性教員が積極的に登用された理由としては、男女間の賃金格差も見過ごせません。

図表7－4[22]は全国47府県の市町村立尋常小学校の正教員への月俸として支払われた支出について、1人当たり平均値の推移を男女別に描いたものです。1920年には俸給令改正により給与額が増額されていますが、概して女性は男性の70%前後の水準で推移しています。教員の給与は、市町村が国庫からの補助がない状態で支給していまし

た。予算の範囲内で多くの教員を登用する手立てとして、各自治体は人件費の面で負担の少ない女性教員に依存したのです。

戦前の段階では、教員に対する給与を支払うことで児童たちを有能な人材として育成しようとする仕組みを運営するには、財政面で難しい地域が少なくありませんでした[23]。しかし第二次大戦後、公務員改革などの制度整備を経て学歴・年齢・勤続年数が同一の教員は男女間の賃金格差がなくなります。教員の給与を国庫から支給し、教育機会が均等化されます。

義務教育の就学率など、子どもたちが学校に通っていたかどうかという点では、明治時代にすでに教育面のキャッチアップを達成していました。しかし、小学校教員に金銭的インセンティブをしっかり与えていたかどうかという点では、教育のキャッチアップにも不充分な側面があったのです。

本章のまとめ

産業化の時代、多くの女性教員が偏見と戦いながら教壇に立ちました。今後のデータ分析を通じてさらに詳細な解明が待たれますが、ひとつの仮説として、男性教員に負けず劣らずの女性教員のモチベーションが、例えば壮丁の学力というかたちでの教育成果に結実したと考えることができます。男女問わず、勉強会・研究会に積極的に参加するような教員のモチベーションの高さが産業化の時代の教育現場を支えていたのです。

では現代ではどうでしょう。どれほど多くの期待とともにノルマが教育現場に向けられているでしょう。小学校教育のために、地域コミュニティがどれだけ一丸になろうとしているでしょうか。教育の仕組みが個々の教員のモチベーションに依存することなく、教員へ適切なインセンティブが与えられていると言えるでしょうか。そしてそれができていないとすれば、どのように改善できるでしょうか。

私たちにいくつもの問いがつきつけられているからこそ、教育を議論する際の判断材料となる因果関係を蓄えるためにも、今一度、教育の歴史を学ぶ意義があるのです。

おわりに

本書の内容を歴史の流れに沿って振り返りましょう。トピックをあえて時代順に組み直すと次のようになります。

明治維新以前

奈良・平安時代

国司と郡司（第2章）

鎌倉・室町時代

中国銭の流通（第1章） 座（第6章）

戦国時代

戦国大名のプラットフォーム・ビジネス（第6章）

徳川時代

両替商ビジネスの決済サービス（第1章） 享保改革による取引コスト削減（第5章）

明治維新以後

明治・大正

特許制度（第2章）　模範工場（第2章）　教育面のキャッチアップ（第7章）

昭和

昭和金融恐慌（第4章）　国際金本位制（第1章）　財閥と系列のコーポレート・ガバナンス（第3章）

日本の歴史のなかで、明治維新以前と以後とで、それぞれ6つ、計12トピックを取り上げました。これらのトピックを通じて経済学を勉強したことになります。とはいえ、千年以上の歴史のなかで12トピック、あまりにも少ない数です。

本書は、経済学の解釈を引き合いに出しているとはいえ、事実関係については至ってオーソドックスなものを取り上げています。この点では最新の研究のなかでも、あえて言及しなかった業績は枚挙にいとまがありません。しかしそうした新しい成果がくわしく議論されるなかで、本書で示した経済学からの解釈も読者の皆さんの創意工夫を通じて、さらにアップグレードされていくことになると思います。

歴史を引き合いに出して経済学を学ぶというとき、「制度整備」あるいは「制度変化」といったトピックの重要性に折に触れて言及することになります。そこで気がつかされるのは、社会規範や行動規範の変化は、時間を要するもので、むしろそう簡単には変わらないという点です。模範工場のように数年で業績改善が顕著になるものもあれば、徳川吉宗の享保改革のように10年ほどで成果が表れるものもあります。それこそ、徳川政権の下で「江戸の金遣い、大坂の銀遣い」という2種類の通貨圏が成立した理由を思い出して下さい。貨幣に関する制度・慣行は、そう簡単に変えることができない、ということが重要なポイントでした。

新しい時代を切り拓くには時間がかかるのです。

今年、2018（平成30）年は、明治維新150周年とされる年です。ただし、1868（明治元）年を境に何もかもが変わったわけではありません。明治維新とは、啓蒙思想に基づいて立国した国々に「日本も自分たちと肩を並べられる国になった」と認められるまでの、幕末開港から帝国議会開設前後に至る30年以上の年月を要した物語です。明治維新を経て、日本は立憲君主制のもと所有権制度や特許制度が整備され、利潤追求の自由を誰もが保障された世の中となりました。長い年月をかけて大きく変貌するなかで、啓蒙思想に基づく国々と「肩を並べられる」ようになるまでの間に、欧米諸国の制度や生活を学んだ人たちや、科学技術のフロンティアに立とうと努力した人々がいました。より良い変化を目指し、日々、研鑽を積み重ねた人々がいたのです。

新しい時代を切り拓くこと、そこには、多くの人々の学びの姿勢があります。近年、それこそ朝活など勉強会に熱心な、向学心旺盛なビジネスパーソンが少なくないことを耳にします。これはとても希望の持てることです。

本書は、「ビジネスパーソンの方々に経済史の面白さを伝える本を」というご依頼をお引き受けしたことをきっかけに書き進めたものです。学ぶ姿勢を大切にして将来を切り拓こうとする方々の、何かのご参考になればと考えた次第です（第7章は勉強会を開催するなど学ぶ姿勢を大切に実践なさっている方々へのエールです）。

本書執筆の際に筆者が参考としたのは、経済学者の方々が書いた数々の優れた入門書です。好奇心旺盛な学生さんやビジネスパーソンの方々に大学教員として薦められる本とは、客観的なエビデンスに基づくアカデミックな議論に裏打ちされた書です。すなわち、読み終えた後に、参考文献にリストアップされた論文や書物を読みたくなるような書です。そうした書の著者たる経済学者の皆さんと、そうした書の参考文献にリストアップされた論文をお書きになった研究者の方々に謝意と敬意を表したいと思います。

また、日々助言を下さる研究者にも御礼を申し上げます。名古屋市立大学大学院経済学研究科の同僚の先生方や、SNS上での「フレンド」「相互フォロー」の方々から、日々の会話を通じて本書のヒントを頂きました。ありがとうございます。

本書執筆に際して、ビジネスパーソン向けに歴史の面白さを綴る機会に恵まれたことにも感謝しています。『週刊エコノミスト』誌上で、「学者が斬る 視点争点」という連載コラムを担当させて頂いたのです。毎日新聞出版エコノミスト編集部の桐山友一さんは、校正ごとに、筆者の説明不足や注意不足を優しくご指摘して下さいました。数々のご指摘は、本書執筆において大変参考になりました。出版社の垣根を越えて御礼申し上げます。

執筆中には、ニュースメディアNewsPicksにて早稲田大学ビジネススクールの入山章栄先生と対談させて頂きました。さらに嬉しいことに、この対談を機に、NewsPicksにてレクチャーおよびウェブ記事執筆を担当いたしました。ビジネスパーソンの方々が経済史を面白がって下さる、そう確信することができました。入山先生、ならびに

NewsPicks の野村高文さんと栗原昇さん、ありがとうございます。また、ビジネスパーソンの方々の勉強会（FED-JAPAN）にて登壇する機会にも恵まれました。同会の主催者の村上ご夫妻に感謝申し上げます。

東洋経済新報社の齋藤宏軌さん、島舞衣さんには本書構想段階から執筆に至るまで、微に入り細をうがつ改善案をご教示頂きました。そして辛抱強く原稿を待って下さいました。本当にありがとうございます。校正ご担当の方にもお礼申し上げます。

最後に私事ですが。小学生の娘と息子へ。サヤ、ハル、今日も学校に通ってくれてありがとう。お父さんが小学生だった頃と違って、日本はもはや先進国ではない。だからこそ、勉強することは昔以上に意味がある。より良い時代が切り拓かれるためには、誰もが勉強していることが必要なんだ。勉強してくれてありがとう。ん？　してるよな？

２０１８（平成30）年　水無月の名古屋にて

横山和輝

【注釈一覧】

第1章

（注1）Nakamoto, Satoshi（2009）“Bitcoin: A Peer-to-Peer Electronic Cash System,” URL: https://bitcoin.org/bitcoin.pdf

（注2）井上正夫（２０００）「平安中期の銅銭流通途絶と使庁権力拡充の問題」『社会経済史学』66巻3号。

（注3）鈴木公雄（１９９９）『出土銭貨の研究』東京大学出版会。

（注4）Jevons, W. S.（1875）*Money and the Mechanism of Exchange*, New York: D. Appleton and Co.

（注5）Kiyotaki, N. and R. Wright（1993）“A Search-Theoretic Approach to Monetary Economics,” *The American Economic Review* 83（1）: 63-77.

（注6）網野善彦（１９６６）『中世荘園の様相』塙書房。佐々木銀弥（１９７２）『叢書・歴史学研究　中世商品流通史の研究』法政大学出版局。佐々木銀弥（１９９６）『日本歴史叢書　日本歴史学会編集　荘園の商業』吉川弘文館。永原慶二（２００７）『永原慶二著作選集　第四巻　荘園　荘園制と中世村落』吉川弘文館。

（注7）足立啓二（１９９１）「中国から見た日本貨幣史の二・三の問題」『新しい歴史学のために』２０３、京都民科研究部会。

（注8）佐々木銀弥（１９６２）『中世の社会と経済―日本封建制研究２』東京大学出版会。

（注9）永原慶二（２００７）『永原慶二著作選集　第四巻　荘園　荘園制と中世村落』吉川弘文館。

（注10）網野善彦（１９９４）「貨幣と資本」朝尾直弘・網野善彦・石井進・鹿野政直・早川庄八・安丸良夫編『岩波講座日本通史　第9巻　中世3』岩波書店。

（注11）Hurley, J. G. and E. S. Shaw（1960）*Money in a Theory of Finance*, The Brookings Institution: Washington, DC.

（注12）石井寛治（２００７）『経済発展と両替商金融』有斐閣。

（注13）竹中靖一・川上雅（１９６５）『日本商業史』ミネルヴァ書房。

（注14）山口徹（１９９１）『日本近世商業史の研究』東京大学出版会。

（注15）竹中靖一・川上雅（１９６５）『日本商業史』ミネルヴァ書房。岡崎哲二（１９９９）『江戸の市場経済』講談社選書メチエ。高槻泰郎（２０１２）『近世米市場の形成と展開』名古屋大学出版会。

（注16）松延康隆（１９８９）「銭と貨幣の概念」宮田登・網野善彦・塚本学『列島の文化史６』日本エディタースクール出版部。

（注17）齋藤努・高橋照彦・西川裕一（２００２）「古代銭貨に関する理科学的研究―「皇朝十二銭」の鉛同位体比分析および金属組成分析」IMES Discussion Paper Series, No.2002J-30, 日本銀行金融研究所。

（注18）寺西重郎（１９８２）『日本の経済発展と金融』岩波書店。山本有造（１９９４）『両から円へ―幕末・明治前期貨幣問題研究』ミネルヴァ書房。

（注19）Keynes, John M. (1923) *A Tract on Monetary Reform*, London: Macmillan and Co., Limited.

（注20）Bloomfield, Arthur I. (1959) *Monetary Policy under the International Gold Standard: 1880-1914*, Arno Press, A New York Times company.

（注21）Eichengreen, Barry and Peter Temin (2000) "The Gold Standard and the Great Depression," *Contemporary European History* 9 (2): 183-207.

（注22）石橋湛山（１９８８）「金解禁の影響と対策」石橋湛山全集編纂委員会『石橋湛山全集第六巻』東洋経済新報社（初版は１９２９年）。

（注23）日本銀行『本邦経済統計』。横山和輝（２０１６）『マーケット進化論―経済が解き明かす日本の歴史』日本評論社。

（注24）Cha, Myung Soo (2003) "Did Takahashi Korekiyo Rescue Japan from the Great Depression?" *The Journal of Economic History* 63 (1): 127-144. 梅田雅信（２００６）「１９３０年代前半における日本のデフレ脱却の背景―為替レート政策、金融政策、財政政策」『金融研究』第25巻第1号。

《その他の参考文献》
大塚英樹（１９９９）「江戸時代における改鋳の歴史とその評価」『金融研究』第18巻第４号。
鹿野嘉昭（２０１１）『藩札の経済学』東洋経済新報社。

第２章

（注１）宇野利右衛門（１９１４）『模範工場日光電気精銅所』工業教育会（間宏監修（１９８９）『日本労務管理史資料集第２期第９巻宇野利右衛門著作選　模範工場集』五山堂書店）。
（注２）宇野利右衛門（１９１４）『模範工場日光電気精銅所』工業教育会（間宏監修（１９８９）『日本労務管理史資料集第２期第９巻宇野利右衛門著作選　模範工場集』五山堂書店）。鈴木恒三郎（１９１５）『労働問題と温情主義―一名・温情主義の実験と其反響』用力社。
（注３）鈴木恒三郎（１９１５）『労働問題と温情主義―一名・温情主義の実験と其反響』用力社、７－８ページ。
（注４）宇野利右衛門（１９１４）『模範工場日光電気精銅所』工業教育会（間宏監修（１９８９）『日本労務管理史資料集第２期第９巻宇野利右衛門著作選　模範工場集』五山堂書店）。野田信夫（１９８８）『日本近代経営史』産業能率大学出版部。
（注５）禿慧二（２０１４）「企業の地域における価値創造についての一考察―日光地域における古河電気工業株式会社日光電気精銅所の企業スポーツを事例として」『立命館経営学』第52巻第６号、99－１１９ページ。
（注６）黛弘道（１９８５）「国司」国史大辞典編集委員会編『国史大辞典　第５巻（け～こほ）』６４５－６４６ページ。
（注７）林陸朗（１９６９）『上代政治社会の研究』吉川弘文館。
（注８）吉村茂樹（１９５７）『国司制度崩壊に関する研究』東京大学出版会。渡部育子（２０１５）『古代史選書14　律令国司制の成立』同成社。
（注９）渡部育子（２０１５）『古代史選書14　律令国司制の成立』同成社。
（注10）吉村茂樹（１９５７）『国司制度崩壊に関する研究』東京大学出版会。

（注11）愛知県史編さん委員会（２０１６）『愛知県史通史編１　原始・古代』愛知県。
（注12）North, Douglass C. (1990) *Institutions, Institutional Change and Economic Performance*, Cambridge: Cambridge University Press. Greif, Avner (2006) *Institutions and the Path to the Modern Economy*, Cambridge: Cambridge University Press.
（注13）寺内浩（２００４）『受領制の研究』塙書房。
（注14）小林聡（２００８）「江戸時代における発明・創作と権利保護」『パテント』Vol.61, No.5, 48－55ページ。
（注15）特許庁（１９８４）『工業所有権制度百年史（上巻）』16ページ。
（注16）岡野多喜夫（１９７３）「専売特許条例の成立における外交的側面」『中央学院大学論叢　商経関係』第8巻第1号。
（注17）通商産業省編（１９６４）『商工政策史第14巻』商工政策史刊行会、５０８ページ。
（注18）星亮一（２０１１）『大鳥圭介』中公新書。中川由香（２０１２）「上郡町の偉人　大鳥圭介」広報『かみごおり』1月号。
（注19）山嶋哲盛（２００１）『日本科学の先駆者　高峰譲吉』岩波ジュニア新書。
（注20）杉原薫（１９９５）「経営発展の基盤整備」宮本又郎・阿部武司『日本経営史２　経営革新と工業化』岩波書店。
（注21）澤井実（２０１６）『日本の技能形成―製造現場の強さを生み出したもの』名古屋大学出版会。

《その他の参考文献》

國雄行（２００５）『博覧会の時代―明治政府の博覧会政策』岩田書院。

早川庄八（２０００）『歴史学叢書　日本古代の財政制度』名著刊行会。

光田賢（２０１１）「職務発明制度の発明奨励インセンティブに関する一考察」『日本大学知財ジャーナル』第4巻、15－24ページ。

村瀬正章（１９６５）『日本歴史学会編集　人物叢書　臥雲辰致』吉川弘文館。

第3章

（注1）増地庸治郎（1936）『我が国株式会社に於ける株式分散と支配』同文館。

（注2）Barle, Jr., Adolf A. and Gardiner C. Means（1932）*The Modern Corporation and Private Property*, New York: Macmillan.

（注3）岡本學（1918）『有効株式投資法』尚榮堂、81ページ。一部旧字体等を改変。

（注4）Fama, E. F. and M. C. Jensen（1983）“Separation of Ownership and Control,” *The Journal of Law & Economics* 26（2）: 301-325.

（注5）Fama, E. F.（1980）“Agency Problems and the Theory of the Firm,” *Journal of Political Economy* Vol.88, pp. 288-307. Shleifer, A. and R. W. Vishny（1997）“A Survey of Corporate Governance,” *The Journal of Finance* 52（2）: 737-783.

（注6）Stiglitz, E. J.（1985）“Credit Markets and the Control of Capital,” *Journal of Money, Credit and Banking* 17（2）: 133-152. Shleifer, A. and R. W. Vishny（1986）“Large Shareholders and Corporate Control,” *Journal of Political Economy* 94（3）: 461-488.

（注7）広田真一（2012）『株主主権を超えて―ステークホルダー型企業の理論と実証』東洋経済新報社。

（注8）粕井義雄（1979）「財閥という言葉―政商とともに日本製」中川敬一郎・森川英正・由井常彦編『近代日本経営史の基礎知識［増補版］』有斐閣ブックス。

（注9）松元宏（1979）『三井財閥の研究』吉川弘文館。岩崎宏之（1980A）「第八章　三井家憲の制定」三井文庫編『三井事業史本篇第二巻』三井文庫。岩崎宏之（1980B）「第九章　三井合名会社の成立」三井文庫編『三井事業史本篇第二巻』三井文庫。安岡重明（2004）「第二章　三井財閥の位置」安岡重明編『三井財閥の人びと―家族と経営者』同文舘出版。

（注10）長澤康昭（1981）「第二章　三菱財閥の経営組織」三島康雄編『日本財閥経営史　三菱財閥』日本経済新聞社。作道洋太郎（1982A）「第一章　住友財閥の源流」作道洋太郎編『日本財閥経営史　住友財閥』日本経済新聞社。作道洋太郎（1982B）「第二章　明治前期の近代化過程」作道洋太郎編『日本財閥経営史　住友財閥』日本経済新聞社。安岡重明（1998B）『財閥経営の歴史的研究』岩波書店。安岡重明（2004）「第二章　三井財閥の位置」安岡重明編『三井財閥の人びと―家族と経営者』同文舘出版。

（注11）三菱銀行三菱銀行史編纂委員会（１９５４）『三菱銀行史』72ページ。
（注12）橘川武郎（１９９６）『日本の企業集団』有斐閣。
（注13）横山和輝（２０００）「１９３０年代における生保株式運用の現代的意義」『金融経済研究』第16号、42－55ページ。
（注14）加藤健太（２０１４）「三菱商事と安治川鉄工所」『社会経済史学』第79巻第4号、５２１－５４３ページ。
（注15）岡崎哲二（１９９９）『持株会社の歴史―財閥と企業統治』ちくま新書。
（注16）森川英正（１９８０）『財閥の経営史的研究』東洋経済新報社。安岡重明（１９９８）『財閥経営の歴史的研究』岩波書店。
（注17）安岡重明（２００４）「第二章　三井財閥の位置」安岡重明編『三井財閥の人びと―家族と経営者』同文舘出版、44－45ページ。
（注18）岡崎哲二（２０１２）「経営者、社外取締役と大株主は本当は何をしていたか？―東京海上・大正海上の企業統治と三菱・三井」『三菱史料館論集』第13号。
（注19）粕谷誠（２００２）『豪商の明治』名古屋大学出版会。
（注20）橘川武郎（１９９６）『日本の企業集団』有斐閣。 Hoshi, T. and A. Kashyap (2001) *Corporate Financing and Governance in Japan: The Road to the Future*, MIT Press. 安岡重明（２００４）「第二章　三井財閥の位置」安岡重明編『三井財閥の人びと―家族と経営者』同文舘出版。菊地浩之（２０１７）『角川選書５８７　三井・三菱・住友・芙蓉・三和・一勧―日本の六大企業集団』ＫＡＤＯＫＡＷＡ。
（注21）奥村宏（１９８４）『法人資本主義 ―「会社本位」の体系』御茶の水書房より作成。
（注22）住友商事株式会社（１９７２）『住友商事株式会社史』３２３、３３６ページ。
（注23）田中彰（２０１２）『戦後日本の資源ビジネス―原料調達システムと総合商社の比較経営史』名古屋大学出版会。
（注24）日本経営史研究所（１９７６）『回顧録―三井物産株式会社』87ページ。
（注25）寺西重郎（１９９３）「メインバンク・システム」岡崎哲二・奥野正寛編『シリーズ現代経済研究６　現代日本経済システムの源流』日本経済新聞社。岡崎哲二（１９９５）「戦後日本の金融システム―銀行・企業・政府」森川英正・米倉誠一郎編『高度成長を超えて　日本経営史５』岩波書店。青木昌彦・奥野正寛（１９９６）『経済システムの比較制度分析』東京大学出版会。 Hoshi, T. and A. Kashyap (2001)

Corporate Financing and Governance in Japan: The Road to the Future, MIT Press. 広田真一（２０１２）『株主主権を超えて―ステークホルダー型企業の理論と実証』東洋経済新報社。
（注26）宮島英昭（１９９８）「戦後日本企業における状態依存的ガヴァナンスの進化と変容―Logitモデルによる経営者交代分析からのアプローチ」『経済研究』第49巻第2号、97－１１２ページ。

《その他の参考文献》
三井生命（１９６８）『三井生命四十年史』。

第４章

（注1）大阪朝日新聞経済部編（１９２８）『朝日経済パンフレット第一輯　金融恐慌秘話』銀行問題研究会、84ページ。
（注2）Neumann, J. V. and O. Morgenstern（1944）*Theory of Games and Economic Behavior*, Princeton University Press.
（注3）Diamond, D. W. and P. H. Dybvig（1983）"Bank Runs, Deposit Insurance, and Liquidity," *Journal of Political Economy* 91（3）: 401-409.
（注4）朝倉孝吉・西山千明・立教大学近代経済学研究機構編（１９７４）『日本経済の貨幣的分析』創文社、４５６－４５７ページ。
（注5）中村政則（１９９４）『昭和の歴史２　昭和の恐慌』小学館ライブラリー。
（注6）日本銀行調査局（１９６９）『日本金融史資料　昭和編　第二十四巻』。
（注7）高橋亀吉・森垣淑（１９９３）『昭和金融恐慌史』講談社学術文庫。
（注8）『銀行通信録』第83巻第４９６号、１９２７年5月20日発行、1ページ。
（注9）粕谷誠（２０００）「第1章　金融制度の形成と銀行条例・貯蓄銀行条例」伊藤正直・靎見誠良・浅井良夫『金融危機と革新』日本経済評論社。

(注10)Bagehot , W. (1873) *Lombard Street: A Description of the Money Market*, London: HS King.

(注11)Yabushita, S. and A. Inoue (1993) "The Stability of the Japanese Banking System: A Historical Perspective," *Journal of the Japanese and International Economies* 7(4): 387-407.

(注12)浅井良夫(2000)「第5章　1927年銀行法から戦後金融制度改革へ」伊藤正直・靎見誠良・浅井良夫『金融危機と革新』日本経済評論社。

(注13)永廣顕(2000)「第4章　金融危機と公的資金導入―1920年代の金融危機への対応」伊藤正直・靎見誠良・浅井良夫『金融危機と革新』日本経済評論社。

第5章

(注1)中田易直(1988)『人物叢書 新装版　三井高利』吉川弘文館。

(注2)Coase, Ronald H. (1937) "The Nature of the Firm," *Econometrica* 4(16): 386-405.

(注3)North, Douglass C. and Robert P. Thomas (1973) *The Rise of the Western World*, Cambridge: Cambridge University Press. North, Douglass C. (1990) *Institutions, Institutional Change and Economic Performance*, Cambridge: Cambridge University Press.

(注4)Williamson, Oliver E. (1985) *The Economic Institutions of Capitalism: Firms, Markets and Relational Contracting*, New York: Free Press. Milgrom, Paul and John Roberts (1992) *Economics, Organization and Management*, Prentice Hall.

(注5)Wegner, D. M., P. Raymond and R. Erber (1991) "Transactive Memory in Close Relationships," *Journal of Personality and Social Psychology* 61(6): 923-929. 入山章栄(2012)『世界の経営学者はいま何を考えているのか―知られざるビジネスの知のフロンティア』英治出版。

(注6)Weber, Roberto A. (2006) "Managing Growth to Achieve Efficient Coordination in Large Groups," *American Economic Review* 96(1): 114-126.

（注7）大野瑞男（1996）『江戸幕府財政史論』吉川弘文館。
（注8）大石慎三郎（1995）『徳川吉宗と江戸の改革』講談社学術文庫。大石学（2012）『徳川吉宗―日本社会の文明化を進めた将軍』山川出版社。
（注9）村川浩平（2000）『日本近世武家政権論』近代文芸社。藤井讓治（1999）『江戸時代の官僚制』青木書店。藤井讓治（2002）『幕藩領主の権力構造』岩波書店。
（注10）深井雅海（1991）『徳川将軍政治権力の研究』吉川弘文館、78ページ。
（注11）深井雅海（2012）『日本近世の歴史3　綱吉と吉宗』吉川弘文館。
（注12）辻達也（1963）『享保改革の研究』創文社。
（注13）辻達也（1963）『享保改革の研究』創文社。大石学（2012）『徳川吉宗―日本社会の文明化を進めた将軍』山川出版社。
（注14）大野瑞男（1996）『江戸幕府財政史論』吉川弘文館。
（注15）大石学（2001）『徳川吉宗・国家再建に挑んだ将軍』教育出版。
（注16）大野瑞男（1996）『江戸幕府財政史論』吉川弘文館。
（注17）藤井讓治（1999）『江戸時代の官僚制』青木書店。大石慎三郎（1995）『徳川吉宗と江戸の改革』講談社学術文庫。
（注18）石井良助（1960）『日本法制史概説』創文社。
（注19）宇佐美英機（2008）『近世京都の金銀出入と社会慣習』清文堂出版。
（注20）大平祐一（2013）『近世日本の訴訟と法』創文社。
（注21）石井良助（1960）『日本法制史概説』創文社。
（注22）大石慎三郎（1979）『享保改革の経済政策　増補版』御茶の水書房。大石学（2003）「I　享保改革と社会変容」大石学編『日本の時代史16　享保改革と社会変容』吉川弘文館。
（注23）大友一雄（2000）「幕府寺社奉行と文書管理」高木俊輔・渡辺浩一編著『日本近世史料学研究―史料空間論への旅立ち』北海道大学

図書刊行会。大石学（２００６）『日本歴史学会編集　人物叢書　大岡忠相』吉川弘文館。

（注24）深井雅海（２０１２）『日本近世の歴史３　綱吉と吉宗』吉川弘文館。大石学（２０１２）『徳川吉宗―日本社会の文明化を進めた将軍』山川出版社。

（注25）大石慎三郎（１９９８）『享保改革の商業政策』吉川弘文館。

（注26）大野瑞男（１９９６）『江戸幕府財政史論』吉川弘文館。

（注27）曽根ひろみ（１９８４）「商品経済の発展と法―身代限り成立の歴史的意義」『歴史学研究』第５３３号、18－28ページ。大石慎三郎（１９９８）『享保改革の商業政策』吉川弘文館。大平祐一（２０１３）『近世日本の訴訟と法』創文社。

（注28）高槻泰郎（２０１２）『近世米市場の形成と展開』名古屋大学出版会。

（注29）有本寛（２００６）「開発経済学からみた自治村落論」『農業史研究』第40巻、89－96ページ。

（注30）青木虹二（１９６６）『百姓一揆の年次的研究』新生社。

第６章

（注１）Watanabe, M. (2010) "A Model of Merchants," *Journal of Economic Theory* 145 (5): 1865-1889.

（注２）桜井英治（１９９４）「職人・商人の組織」朝尾直弘・網野善彦・石井進・鹿野政直・早川庄八・安丸良夫編『岩波講座　日本通史　第10巻　中世４』岩波書店。

（注３）土井忠生・森田武・長南実編訳（１９８０）『邦訳日葡辞書』岩波書店、８３９ページ。

（注４）脇田修（１９７５）『織田政権の基礎構造』東京大学出版会。豊田武（１９８３）『豊田武著作集　第三巻　中世の商人と交通』吉川弘文館。桜井英治（２００２）「Ⅱ　商人の登場　２章　中世・近世の商人」桜井英治・中西聡編『新体系日本史12　流通経済史』山川出版社、１１２－１４８ページ。小西瑞恵（２００２）「都市大山崎の歴史的位置」『大阪樟蔭女子大学論集』第39号、55－68ページ。

（注５）稲葉伸道（１９９３）「神人・寄人」朝尾直弘・網野善彦・石井進・鹿野政直・早川庄八・安丸良夫編『岩波講座　日本通史　第７巻　中世

1』岩波書店。
（注6）山本幸司（１９９４）「中世の法と裁判」朝尾直弘・網野善彦・石井進・鹿野政直・早川庄八・安丸良夫編『岩波講座　日本通史　第8巻　中世2』岩波書店。
（注7）桜井英治（１９９６）『日本中世の経済構造』岩波書店。
（注8）桜井英治（１９９４）「職人・商人の組織」朝尾直弘・網野善彦・石井進・鹿野政直・早川庄八・安丸良夫編『岩波講座　日本通史　第10巻　中世4』岩波書店。
（注9）長澤伸樹（２０１７）『楽市楽座令の研究』思文閣出版。
（注10）Evans D. S. (2003) "The Antitrust Economics of Multi-Sided Platform Markets," *Yale Journal on Regulation* 20(2): 352-382.
Rochet, J. C. and J. Tirole (2003) Platform Competition in Two-sided Markets, *Journal of the European Economic Association* 1(4): 990-1029.
（注11）勝俣鎮夫（１９７９）『戦国法成立史論』東京大学出版会。安野眞幸（２００９）『楽市論─初期信長の流通政策』法政大学出版局。
（注12）山本博文・堀新・曽根勇二（２０１６）『織田信長の古文書』柏書房。
（注13）清水克行（２００６）『喧嘩両成敗の誕生』講談社選書メチエ。
（注14）脇田修（１９７５）『織田政権の基礎構造』東京大学出版会。豊田武（１９８３）『豊田武著作集　第三巻　中世の商人と交通』吉川弘文館。
（注15）安野眞幸（２００９）『楽市論─初期信長の流通政策』法政大学出版局。

《その他の参考文献》

久保健一郎（２０１５）『歴史文化ライブラリー４１５　戦国大名の兵粮事情』吉川弘文館。
North, D. C. (1990) *Institutions, Institutional Change and Economic Performance*, Cambridge: Cambridge University Press.

第7章

（注1）横山和輝（２０１６）『マーケット進化論　経済が解き明かす日本の歴史』日本評論社。

（注2）中央職業紹介事務局（１９２６）『少年職業紹介施設及取扱成績』。大門正克（１９９２）「学校教育と社会移動」中村政則編『日本の近代と資本主義─国際化と地域』東京大学出版会。

（注3）Becker, G. S.（1962）“Investment in Human Capital: A Theoretical Analysis,” *Journal of Political Economy* 70（５）: 9-49. Lucas, R. E.（1988）“On the Mechanics of Economic Development,” *Journal of Monetary Economics* 22（１）: 3-42.

（注4）Barro, R. J.（1991）“Economic Growth in a Cross Section of Countries,” *The Quarterly Journal of Economics* 106（２）: 407-443. Mankiw, N. G., “D. Romer and D. N. Weil（1992）“A Contribution to the Empirics of Economic Growth,” *The Quarterly Journal of Economics* 107（２）: 407-437. 外谷英樹（１９９８）「クロスカントリーにおける人的資本と経済成長の実証分析」『フィナンシャル・レビュー』第46号。

（注5）Spence, A. M.（1974）*Market Signaling: Informational Transfer in Hiring and Related Screening Processes.* Cambridge: Harvard University Press.

（注6）小塩隆士（２００２）『教育の経済分析』日本評論社。安井健悟・佐野晋平（２００９）「教育が賃金にもたらす因果的な効果について─手法のサーヴェイと新たな推定」『日本労働研究雑誌』No.５８８。

（注7）中室牧子（２０１５）『「学力」の経済学』ディスカヴァー・トゥエンティワン。川口大司（２０１７）『労働経済学─理論と実証をつなぐ』有斐閣。

（注8）Bils, Mark and Peter J. Klenow（2000）“Does Schooling Cause Growth?” *American Economic Review* 90（５）: 1160-1183.

（注9）OECD（2017）*Education at a Glance 2017: OECD Indicators,* Paris: OECD Publishing. URL: https://doi.org/10.1787/eag-2017-en

（注10）大川一司・小浜裕久（１９９３）『経済発展論』東洋経済新報社。Godo, Y. and Y. Hayami. (2002) "Catching UP in Education in the Economic Catch-Up of Japan with the United States, 1890-1990," *Economic Development and Cultural Change* 50（4）: 961-78.

（注11）大塚啓二郎・園部哲史（２００３）「第4章　教育の役割―産業発展の視点から」大塚啓二郎・黒崎卓編著『教育と経済発展―途上国における貧困削減に向けて』東洋経済新報社。

（注12）澤田康幸（２００３）「初等教育におけるコミュニティの役割の重要性について―エルサルバドルＥＤＵＣＯプログラムの事例から」大塚啓二郎・黒崎卓編著『教育と経済発展―途上国における貧困削減に向けて』東洋経済新報社。

（注13）菊池城治（２００３）『近代日本の教育機会と社会階層』東京大学出版会。

（注14）文部省社会教育局（１９３２）『壮丁教育調査概況　昭和六年度』。

（注15）山本朗登（２００８）「１９００年前後における兵庫県教育会の教員養成事業」『教師教育改革の国際的動向』（『日本教師教育学会年報』第17号）。

（注16）釜田史（２００８）「小学校教員講習科における教員養成に関する研究」『教師教育改革の国際的動向』（『日本教師教育学会年報』第17号）。

（注17）Arrow, K. J. (1962) "The Economic Implications of Learning by Doing," *The Review of Economic Studies* 29（3）: 155-173.

（注18）佐納秀雄（１９６５）『岸和田小学校史』佐納秀雄。

（注19）文部省『学制百年史』。

（注20）重松敬一・丸岡秀子（１９６７）『女教師シリーズ１　女教師の先輩と後輩』明治図書出版。

（注21）前野喜代治（１９６６）『明治期の初等教育の研究―特に青森県を中心として』成文堂。

（注22）文部省『文部省年報』各年度版。

（注23）井深雄二（２００４）『近代日本教育費政策史―義務教育費国庫負担政策の展開』勁草書房。苅谷剛彦（２００９）『教育と平等―大衆教育社会はいかに生成したか』中公新書２００６、中央公論新社。

《その他の参考文献》

大塚啓二郎・園部哲史（2003）「第4章　教育の役割―産業発展の視点から」大塚啓二郎・黒崎卓編著『教育と経済発展―途上国における貧困削減に向けて』東洋経済新報社。

五島慶太伝記並びに追想録編集委員会（1960）『五島慶太の追想』。

広田照幸・伊藤茂樹（2010）『教育問題はなぜまちがって語られるのか？―「わかったつもり」からの脱却』日本図書センター。

丸岡秀子・山口美代子編（1980）『日本婦人問題資料集成　第十巻　近代日本婦人問題年表』。渡部育子（2015）『古代史選書14　律令国司制の成立』同成社。

経済学用語集（五十音順）

【暗号通貨】（第1章、第4章）

仮想通貨。分散型コンピューティング上の仮想世界で作られるデジタル通貨。

【一般的受容性】（第1章）

何らかの交換手段について、取引に際して誰もが相手が受け取ってくれる性質のこと。受け取った相手が次の取引で他の相手に差し出した場合でも、その相手もまた確実に受け取る見込みがある場合を含める。

【インセンティブ】（第1章、第2章、第3章、第4章、第5章、第6章、第7章）

相手のモチベーションを引き上げるために与える刺激。金銭面あるいは心理面で魅力を感じさせることで、やる気を引き出すための手段。外的動機。

【エンフォースメント】（第1章、第2章、第5章、第6章、第7章）

契約内容を履行しない場合に懲罰対象となることを明確に示すことで、契約内容を裏切らないようにする強制力。履行強制。

【隠れた行動】（第2章）

依頼人が代理人の努力水準を把握できていない状況のもとで代理人が自己都合を優先してしまうこと。歪んだインセンティブ。モラルハザード。

【機会費用】（第7章）

何らかの選択や行動を選んでいなかった場合に得られたはずの利益。逸失利益。

【KPI】（第2章）

Key Performance indicator。給与を出来高払いで支払う場合の業績指標。

【限界費用】（第1章）

追加的に生産量を増やした場合の生産コストの増加分。

【コーポレート・ガバナンス】（第3章）

企業の利害関係者の間で行われる利潤最大化を目的とした利害調整。

【国際金本位制】（第1章、第4章）

金兌換紙幣を発行する国々が、互いに金の輸出入を自由化する国際的枠組み。

【コミットメント】（第1章、第2章、第5章）

特定の行動を取らせるように退路を断つこと。確約。

【サーチ・コスト】（第6章）
取引相手を探すために必要な手間ひまや負担。相思相愛の相手を見つけるコスト。

【残余請求者】（第3章）
残余所得を請求する権利を行使する主体。企業の利害関係者の間で、契約ならびに法律上の手続きに従って利潤を分配したときに、余った分について所有権を主張できる主体。

【時間的不整合】（第4章）
時間の経過や状態の変化とともに、適した行動や選ぶべき戦略が変わること。

【シグナリング】（第1章、第7章）
性質や志向についてありのまま表明すること。

【人的資本】（第7章）
より多くの付加価値を生み出すために必要とされる知識や技能。

【ソルベンシー】（第4章）
金融機関の返済能力。健全性。

【取引コスト】（第5章）
取引に際して、当事者どうしが以心伝心になれないことで生じるコスト。

【ネットワーク外部性】（第6章）
物品・サービスを利用するインセンティブならびに利用した場合の満足度が、他に利用するユーザ数の増加につれて高まること。

【日和見な行動】（第2章、第3章、第5章）
契約や約束事のなかで想定されていない身勝手な行動。機会主義的行動。

【フォーカル・ポイント】（第4章、第5章）
ゲーム的状況を通じて集団全体が行き着いた状態。

【プラットフォーム】（第6章）
取引をマッチングするための出会いの場。

【フリーライド】（第2章、第3章）
他人のコスト負担に便乗して便益を得ること。便乗。

【モチベーション】（第2章、第3章、第5章、第7章）
当人の意欲。内的動機。

【有限責任】（第3章）
会社が倒産した場合、会社の債務について出資した額以上の返済責任がないこと。

【著者紹介】
横山和輝（よこやま　かずき）
1971年静岡県生まれ。1994年神奈川大学経済学部卒業。1999年一橋大学大学院経済学研究科博士後期課程単位取得退学。2006年博士（経済学、一橋大学）。現在、名古屋市立大学大学院経済学研究科准教授。著書に『マーケット進化論　経済が解き明かす日本の歴史』（日本評論社、2016年）。論文に“Measuring the Extent and Implications of Director Interlocking in the Prewar Japanese Banking Industry”(with Tetsuji Okazaki and Michiru Sawada), *The Journal of Economic History*, 65(4):1082-1115, 2005。『週刊エコノミスト』や『NewsPicks』他のメディアにも寄稿。

日本史で学ぶ経済学

2018 年 10 月 4 日発行

著　者――横山和輝
発行者――駒橋憲一
発行所――東洋経済新報社
〒103-8345　東京都中央区日本橋本石町 1-2-1
電話＝東洋経済コールセンター　03(5605)7021
https://toyokeizai.net/

装　丁…………渡邊民人（TYPEFACE）
本文レイアウト……谷関笑子（TYPEFACE）
印　刷…………東港出版印刷
製　本…………積信堂
編集担当………齋藤宏軌

ISBN 978-4-492-44447-4